Inhalt

W0072980

»Gerettet ist das edle Glied
der Geisterwelt vom Bösen,
wer immer strebend sich bemüht,
den können wir erlösen.«

JOHANN WOLFGANG VON GOETHE

Gewidmet allen Menschen,
die nach innerem Reichtum suchen.

Franz auf der Maur

AUF EINSAMEN PFADEN ZUR INNEREN FREIHEIT

Erlebnisse mit den dunklen
und lichtvollen Kräften
des menschlichen.Lebens

edition fischer

Bibliografische Information der Deutschen Nationalbibliothek:
Die Deutsche Nationalbibliothek verzeichnet diese Publikation in der Deutschen
Nationalbibliografie; detaillierte bibliografische Daten sind im Internet über
http://dnb.dnb.de abrufbar.

© 2019 by edition fischer GmbH
Orber Str. 30, D-60386 Frankfurt/Main
Alle Rechte vorbehalten
Umschlagbild: Franz Auf der Maur, Egerkingen SO
Schriftart: Times New Roman 12 pt
Herstellung: ef/bf/2A
ISBN 978-3-86455-734-7

Franz Auf der Maur
Auf einsamen Pfaden zur inneren Freiheit

Vorwort

Welch gewaltige Werke hat doch die Menschheit allein in den letzten fünfzig Jahren vollbracht. Errungenschaften, von denen die Menschen über Jahrhunderte kaum zu träumen wagten.

Ich erinnere mich noch gut, wie wir als Kinder an einem Abend um das Radio sassen und uns in voller Begeisterung von einem Hörspiel mitreissen liessen, in dem es einigen mutigen Männern gelang, mit einer Rakete auf den Mond zu fliegen und dabei ihre fesselnden Abenteuer zum Besten gaben. Ich war so eingenommen von diesen Handlungen, dass es für mich nicht den geringsten Zweifel an der Tatsache dieser Geschichte gab. Meine acht Jahre ältere Schwester Maria äusserte ihre Bedenken an der Glaubwürdigkeit dieser Geschichte und entschied sich, sicherheitshalber den Briefkastenonkel, der jede Woche einmal auf dem gleichen Sender Fragen der Zuhörerinnen und Zuhörer beantwortete, anzufragen.

Der Briefkastenonkel beantwortete unsere Frage nicht in seiner Sendung, sondern schrieb meiner Schwester bald darauf, dass das ausgestrahlte Hörspiel das Werk eines phantasievollen Träumers sei und in keiner Weise auf Wahrheit beruhe, weil eine Fahrt zum Mond in Wirklichkeit ja absolut unmöglich sei.

Als ich als junger Mann im Jahre 1969 am Fernseher die erste Mondlandung verfolgte, erinnerte ich mich wieder an dieses Hörspiel und an meine grosse Enttäuschung, die der Briefkastenonkel damals mit seinem Brief an meine Schwester ausgelöst hatte. Ja, ich kam mir damals als ungefähr neunjähriger Knabe total hintergangen vor, weil man mir dieses wunderbare Abenteuer, einen Flug zum Mond, absprechen wollte. Es kann auch sein, dass ich tief in mir spürte oder ahnte, dass sich diese grandiose Geschichte auf eine ähnliche Weise in absehbarer Zukunft abspielen würde, denn zahlreiche intelligente Köpfe arbeiteten und glaubten damals schon an der Verwirklichung dieses Projektes.

Wir Menschen sollten mit dem Wort »unmöglich« äusserst vorsichtig umgehen, denn es trägt die gnadenlose Kraft in sich, das, was erreichbar wäre, auf seinem Weg zur Verwirklichung zu blockieren oder sogar die Verwirklichung unmöglich zu machen. Hingegen ist das Träumen und Phantasieren eine belebende, erfrischende Kraft im Menschen und lässt sich in keiner Art und Weise einschränken. Der Physiker Albert Einstein* sagt:
»Die Phantasie ist wichtiger als das Wissen. Wissen ist beschränkt, Phantasie umspannt die Welt.«
Das Träumen und das Phantasieren sind des Menschen Vorrecht, ob jung oder alt, arm oder reich, gesund oder krank. Niemand ist benachteiligt.

---

* Calaprice, Alice (Hrsg.) **Einstein sagt: Zitate, Einfälle Gedanken**
  Piper Verlag GmbH, München, Zürich

Jeder darf seine eigenen Träume und Phantasien pflegen. Wichtig ist nur, dass er dabei seine Verpflichtungen nicht vernachlässigt. Ein Teil der folgenden Geschichten beruht auch auf einer Art von Träumen. Ich habe sie in einem meditativen Zustand so wirklichkeitsnahe erlebt, dass sie sich nachhaltiger auswirkten, als manche Geschehnisse im Alltagsleben.

Die Reise zu diesen in der Meditation erlebten Geschichten führte ins Reich der eigenen Seele, ins Unterbewusstsein. Dort folgte ein Abenteuer nach dem anderen. Ungelöste Konflikte aus meiner Kindheit tauchten plötzlich wie in einem Film wieder vor mir auf und beunruhigten mein Gemüt von neuem. Doch die lichtvollen Kräfte in der Seele nahmen sich liebevoll und tröstend meiner an. Sie lehrten mich auf eine annehmbare Weise, meine aufgeschobenen Aufgaben endgültig zu lösen und mich von dem unbewussten Einfluss meiner negativen Erfahrungen aus meiner Vergangenheit zu befreien.

In den vorliegenden Geschichten erfahren Sie auch, wie das menschliche Bewusstsein ununterbrochen bemüht ist, sich auszudehnen, bis zu den höchsten Stufen der Erkenntnis, um auf allen Ebenen des menschlichen Daseins in Harmonie mit sich und der Schöpfung zu leben.

Vergeben, aber nicht vergessen

Ein Gefühl der Vertrautheit dehnte sich in mir aus, als ich in der Meditation vor einer Kirchentür stand. Der eine Flügel stand halb offen und aus dem Inneren der Kirche ertönte feierliche Orgelmusik. Als ich noch den Duft von Weihrauch wahrnahm, war es um mich geschehen, denn ich erinnerte mich nicht mehr im Geringsten daran, dass ich mich in der Meditation befand.
Andächtig lauschte ich der inspirierenden Musik und liess mich von ihr und dem Duft des Weihrauches immer tiefer in die Welt des Unbewussten fallen.
Erinnerungen an unsern Hochwürden Herr Pfarrer, dem ich so viele Jahre als Ministrant gedient habe, wurden in mir wach. Er war ein strenger Priester, der während des Religionsunterrichtes und erst recht in der Kirche, von den Schulkindern absolute Disziplin verlangte. Wehe denen, die gelegentlich seinen Willen missachteten. Erbarmungslos schlug er auf die Kinder ein, und dies nicht nur im Religionsunterricht, sondern auch während des Gottesdienstes. Er war krankhaft jähzornig.
Der Hochwürden besass aber auch eine sehr angenehme Seite. Er konnte manchmal ausgelassen fröhlich sein. Vor

allem an Festanlässen oder wenn Klosterbrüder bei ihm im Pfarrhaus zu Besuch waren.

Im Zusammenhang mit meinem Amt als Ministrant musste ich einmal in das Pfarrhaus gehen. Schon, als ich die Haustür öffnete, drang mir aus der Pfarrstube ein riesiges Gelächter und Geschwätz entgegen. Dabei kam auch die Stimme seiner Köchin voll zur Geltung. Als sie mir die Stubentür öffnete und mich bat einzutreten, wurde ich richtig in eine Rauchwolke eingehüllt.

Die monatliche Beichtaushilfe aus dem Kloster sass mit dem Hochwürden bei einer Flasche Wein am Tisch und beide rauchten so begierig, als wäre es ihre letzte Gelegenheit, ihrem schädlichen Laster zu frönen. Die Pfarrköchin bat mich an den Tisch zu sitzen und brachte mir bald darauf eine Tasse starken Kaffee, »ohne Schnaps«, liess sie verlauten, denn dafür sei ich noch zu jung. Hierauf zog sie sich in die Küche zurück und kehrte nach kurzer Zeit mit einer grossen Platte Fleisch zurück. Später folgten noch Brot und Käse. Die Köchin war rührend darum besorgt, dass ich auch genug esse und dass den beiden geistlichen Herren der Wein nicht ausging.

Während die beiden Geistlichen fragwürdige Sprüche erzählten, versuchte die Köchin von mir zu erfahren, was sich denn so alles in meiner Nachbarschaft abspiele. Ich war eher zurückhaltend mit meiner Berichterstattung, denn der guten Köchin ging der wenig gute Ruf voraus, dass ihr Mundwerk manchmal allzu locker sitze. So hatte ich es wenigstens von älteren Leuten gehört.

Obwohl ich die Gastfreundschaft in der Pfarrstube genoss, musste ich mich bald verabschieden, denn der starke Rauch machte mir zu schaffen.

Es war jedoch ein schönes Erlebnis für mich, unseren Herrn Pfarrer so als gewöhnlichen Menschen zu erleben. Auf einem Ministranten-Ausflug mit einem Taxi erhielten wir vom Herrn Pfarrer die Erlaubnis, jede Art von Witzen zu erzählen, ausgenommen solche über Priester. Ich erinnere mich an die harmlosen Witze, die wir Ministranten während der Fahrt erzählt hatten, um den Seelsorger und unseren Chauffeur in Stimmung zu bringen. Das für uns reservierte Mittagessen in einem gediegenen Restaurant war so fürstlich, wie bei einer Hochzeitsfeier.

In meiner Meditation erlebte ich diese geschilderten Ereignisse so ausführlich und wirklichkeitsnah, als wären seither erst ein paar Tage verflossen.

Die Meditation setzte sich fort.

Es war noch dunkel draussen, als ich mich mit dem Fahrrad der Kirche näherte. Ich trat in die Sakristei und grüsste den Herrn Pfarrer, wie es üblich war:

»Gelobt sei Jesus Christus, grüss Gott, Herr Pfarrer.«

Da geschah das Unfassbare. Statt meinen Gruss zu erwidern, schlug der Stellvertreter Gottes mit dem schweren Bund seiner langen, eisernen Schlüssel der Kirchentüren auf meinen Kopf ein, dass ich von einer Ecke in die andere taumelte. Ich hatte nicht die geringste Ahnung, was ihn zu diesem Handeln veranlasste. Ich besass auch den Mut nicht, ihn zu fragen, was ich falsch gemacht hatte. Es wäre auch nicht sinnvoll gewesen, nach dem Grund zu fragen, denn in einem solch aufgebrachten Zustand duldete er kein Wort seines Opfers. Im Gegenteil, das reizte ihn nur von neuem loszuschlagen.

Ich weinte leise, dachte aber keinen Augenblick daran, die

Sakristei zu verlassen und nach Hause zu gehen. Mein Pflichtgefühl war schon als Knabe viel zu stark ausgeprägt, und deshalb wollte ich den Herrn Pfarrer auf keinen Fall im Stich lassen. So zog ich das Messdiener-Kleid an und schritt mit ihm zu den Stufen des Altares.

Der Priester begann mit dem Stufengebet und hierauf folgte das Schuldenbekenntnis. In diesem Gebet bekennen die Gläubigen bei allen Heiligen und vor Gott, dass sie durch ihre eigene Schuld, durch ihre übergrosse Schuld viel gesündigt haben in Gedanken, Worten und Werken (mea culpa, mea culpa, mea maxima culpa).

Die Messgebete wurden damals noch lateinisch gesprochen, doch ein guter Ministrant wusste, was er betete, und konnte den Text auch in deutscher Sprache auswendig. Ich wollte ein guter Ministrant sein und darum machte es mir auch keine Mühe, an Sonn- und Feiertagen meistens vier Mal den Gottesdienst zu besuchen und zu ministrieren: In die Frühmesse, im Hauptgottesdienst, nachmittags in die Vesper und am Abend in den Rosenkranz. Die römisch-katholische Kirche übte in meiner Jugend eine gewaltige Anziehungskraft auf mich aus.

Nachdem ich in der Meditation mein Schuldbekenntnis reumütig gesprochen hatte, war mir aber immer noch nicht klar, was für eine grosse Schuld ich denn begangen hatte, dass ich eine solche Strafe verdient hatte. Es gab zwar in meiner Vergangenheit schon Ereignisse, für die ich Schläge verdient hätte, die ich aber längst gebeichtet hatte; zum Beispiel, als wir Buben ohne Badehosen nackt im Bach gebadet hatten.

Weil meine Eltern uns Kinder höchst selten körperlich bestraften, empfand ich natürlich die Gewalt aus der Hand des Hochwürden noch viel härter. Mir war als Knabe auch nicht bewusst, dass der Priester an einer krankhaften Veranlagung litt, die solche unberechenbaren Wutausbrüche auslöst.

Die Schläge waren aber nur die eine Sorge, die mich am Altar belastete. Die zweite war fast noch schlimmer. Nämlich die Ungewissheit, ob mir der Priester heute die Hostie verabreichen wird oder ob er sie mir verweigert. Wenn er sie mir verweigert, dann wissen alle Leute in der Kirche, dass ich schwer gesündigt habe, denn es war üblich, dass der Ministrant die heilige Kommunion empfing.

Als es so weit war, kniete ich für den Empfang der heiligen Kommunion nieder. Das Volk und mit ihm auch ich betete drei Mal:»Herr, ich bin nicht würdig, dass du eingehst unter mein Dach; aber sprich nur ein Wort, so wird meine Seele gesund.«

Der Priester legte ohne zu zögern die Hostie auf meine Zunge. Ich dankte Gott im Stillen und war überglücklich, dass der Priester mich für würdig gefunden hatte, den Leib Christi zu empfangen.

Nach der Messe fragte mich der Priester, warum ich es versäumt habe, auch um halb sechs in die erste Frühmesse zu kommen, um zu ministrieren. Ich antwortete, dass mir das niemand gesagt hätte. Das hatte später böse Folgen für einen Ministranten aus meiner fernen Nachbarschaft. Der Hochwürden hatte ihm den Auftrag erteilt, auf seinem Heimweg bei mir einzukehren und mir mitzuteilen, dass ich auch zur ersten Frühmesse antreten solle. Der immer vielbeschäftigte Sepp hatte das einfach vergessen.

Nun wusste ich endlich, für was ich dermassen bestraft wurde. Für ein Versagen eines meiner Kameraden.

Im Gottesdienst und im Religionsunterricht lernte ich, wie wichtig es ist, allen Menschen zu vergeben, wenn wir den inneren Frieden bewahren wollen. Ich hatte dem Herr Pfarrer seine gewalttätige Handlung schon vor dem Empfang der heiligen Kommunion verziehen. Damit war die Angelegenheit für mich erledigt. Weil der Priester auf meinen Kopf schlug und in meinem Gesicht keine Verletzungen sichtbar waren, erwähnte ich beim Frühstück zu Hause nicht einmal etwas von dem Vorfall, sondern machte mich rechtzeitig auf den Weg zum Hauptgottesdienst.

Heute frage ich mich allerdings manchmal, wie es nur möglich war, dass zahlreiche Eltern und Erwachsenen einfach zuschauten, wie ihre Kinder von ihrem Pfarrer misshandelt wurden. Ich frage mich, wo da die Elternliebe geblieben ist. Es geschah ja nicht nur im Verborgenen, sondern auch in aller Öffentlichkeit, manchmal sogar während der Feier der Sonntagsmesse. Ich habe auch Mühe zu begreifen, dass der Seelsorger nicht selber erkannt hat, dass er am besten sein Amt niederlegen würde und in einem Kloster unter Erwachsenen einen Dienst ausüben würde. Es wäre damals für die Gemeinde kein Problem gewesen, das Amt wieder zu besetzen.

Einige gläubige Erwachsene fanden diese Art von Erziehung absolut angebracht und eiferten den Erziehungsmethoden ihres Pfarrers nach; denn,»wer seine Kinder liebt, der züchtigt sie auch«, soll in der Bibel zu lesen sein.

Soweit ich mich erinnern kann, ging diese brutale Erziehungsmethode des Priesters nur dem Vater des Ministranten Sepp zu weit.

Ich hörte aufmerksam zu, als er meinen Eltern erzählte, dass gestern der Hochwürden bei ihm zu Hause antreten musste, weil er seinen Sohn so übel zugerichtet hatte.

Der Priester soll sich gleich beim Vater entschuldigt haben mit der Bemerkung, er sei da wirklich zu weit gegangen. Darauf kündigte der Vater dem Priester an, dass er jetzt seinen Sohn aus dem Zimmer hole, damit er die Spuren seiner schändlichen Tat auf seinem Körper anschauen könne. Der Priester soll inständig darum gebeten haben, dass er ihn vor dieser Gegenüberstellung bewahren möge. Der Vater ging auf seine Bitte ein und damit war die Angelegenheit erledigt; mindestens für den Vater und den Hochwürden. Der Sohn hat sich später als junger Familienvater in einem Ehekonflikt das Leben genommen. Die ursprünglichen Ursachen, dass er diesen Weg gewählt hat, lagen bestimmt nicht darin, dass er als Kind zu wenig gezüchtigt wurde.

Nachdem der Hochwürden mir in der Meditation klargelegt hatte, warum er mich bestraft hatte, stand ich wieder draussen vor der Eingangstüre, lauschte der Orgelmusik und atmete den Geruch des Weihrauches ein. Der eine Flügel der Tür stand immer noch offen.

Da schritt ein alter Priester aus dem Inneren der Kirche auf mich zu. Seine Gesichtszüge wiesen grosse Ähnlichkeit auf mit denen unseres Herrn Pfarrers, sie waren gezeichnet von Sorgen und Schmerz. Er sprach mich an:»Du bist nicht gerade ein vorbildlicher Katholik, doch du bist im Namen der heiligen katholischen Kirche getauft worden. Du darfst eintreten.«

»Ich danke für Eure Güte, Hochwürden, aber ich will nicht eintreten; ich will weiterziehen«, entgegnete ich. Der alte Priester schaute mich verständnislos an, griff nach der Tür, zog sie zu, indem er wieder die Kirche betrat.

Neben der Kirche entdeckte ich einen Feldweg. Auf diesem

wanderte ich weiter. Er führte durch einen grünen Hügel hinauf, auf dessen Anhöhe ein riesiger Baum mit weit ausladenden Ästen stand. Durch den Aufstieg in der Sonne war ich durstig geworden und schwitzte. Der Schatten, den das dichte Laubwerk bot, war mir sehr willkommen. Ich setzte mich unter den Baum und lehnte mich mit dem Rücken an seinen Stamm. Die Erinnerung, dass ich mich in der Meditation befand, wurde in mir halbwegs wach. Ich fühlte mich trostlos einsam, von Gott und der Welt verlassen, und in diesem Zustand wollte ich nicht aus der Meditation aussteigen. Nur das Rauschen der Blätter in der Krone des Baumes war zu hören, sonst weit und breit kein Laut. Kein Vogel zwitscherte ein Lied für mich.

»Ich will weiterziehen, wohin der Weg auch führt, denn es ist mein Lebensweg«, entschied ich in meinem Zustand, halb in Erinnerung, dass ich mich in der Meditation befand. Der Weg führte auf der anderen Seite des Hügels wieder in ein stilles unbewohntes Tal hinunter.

Während ich den Hang entlang abwärts lief, hörte ich oberhalb des Wegrandes eine kräftige Quelle aus dem kurzen Gras sprudeln.

Das Wasser lief über den Weg und bildete ein kleines Bächlein. Dankbar und voller Freude wendete ich meinen Mund dem grosszügigen Lebensspender zu, bis mein Durst gelöscht war.

Weiter unten machte der Weg eine Wendung in die entgegengesetzte Richtung, wie das so üblich ist und führte mich deshalb wieder an das Bächlein. Hier plätscherte das Wasser über eine vorstehende Steinplatte direkt auf den Weg. Ich fühlte grosse Lust auf eine Abkühlung, befreite mich von meinen Kleidern und stand mit geschlossenen Augen unter dem Wasser. Innerhalb weniger Minuten fühlte ich mich wie neu geboren. Sogleich öffnete ich die Augen und bemerkte dabei, wie das reine Quellwasser schmutzig meine Beine herunterfloss, so schmutzig, als wäre ich nackt im Moor gelegen. So blieb ich einfach unter dem Wasser stehen, bis mein Körper vollkommen rein war.

Guter Mut, Kraft, Freude und Wanderlust waren in mir eingekehrt. »Ich will weiterziehen, solange es noch Tag ist«, flüsterte ich vor mich hin und zog meine Kleider wieder an. Der Weg führte wiederum leicht abwärts auf einen fruchtbaren Talboden und dann erneut an das Ufer des Bächleins, das an dieser Stelle breiter und tiefer geworden war. Ein schmaler Steg führte über das Wasser. Ohne mich lange umzuschauen legte ich mich am Ufer des Bächleins ins kurze, trockene Gras und träumte vor mich hin, wie ein Kind das noch daran glaubt, dass alles in der Natur seine Sprache hat.

»Du sprudelndes Bächlein auf sonnigen Fluren,
du singst mir ein Lied, so schön und so hold,
genau wie's der Schöpfer bestimmt und gewollt.
Bei dir werde ich rasten, bei dir werde ich ruhen,
du sprudelndes Bächlein auf sonnigen Fluren.«

Hoch am Himmel spielte der Wind mit den Wolken sein unterhaltsames Spiel, dessen Ausgang nicht voraussehbar war.
»Ihr lieben Wolken, mit euch möchte ich ziehen,
allen Sorgen der Erde entfliehen,
Hoch am Himmel her
über Hügel, Berge und Meer.«

Doch eine Wolke mit einem finsteren, ernsten Gesicht und
einem breiten langen, weissen Bart herrschte mich an:
»Du Narr, bleib mit deinen Füssen auf Erden,
nur tapfer und mutig sollst du werden.
Der Wind treibt uns Wolken doch, wohin er will,
darum wandere besser weiter und sei still.«

Das Flötenspiel des Hirten

In meiner Träumerei hörte ich auf einmal, wie der Wind entzückende Töne von der anderen Seite des Bächleins zu mir herübertrug. Sofort stand ich auf und richtete meinen Blick in die Richtung, wo die Laute herkamen. Etwa einen kräftigen Steinwurf von mir entfernt bot sich ein Bild, das in mir eine grosse Sehnsucht auslöste. Ein junger Hirte sass mitten in der Herde und spielte traumhafte Melodien auf einer Flöte. Völlig überrascht von diesem unerwarteten Flötenspieler mit seiner Herde und berauscht von den wehmütigen, dann wieder fröhlichen Melodien, erinnerte ich mich, wie ich als Knabe im Herbst selber ab und zu das Vieh hütete. Wie der seufzende Herbstwind sich mit dem Kuhglockengeläute vereinigte und dann melancholische Melodien vom Abschied und Sterben der Natur spielte. Wie einsam und doch so geborgen ich mich fühlte bei meiner Herde, ganz allein.

Ich wollte den spielenden Hirten unbedingt kennen lernen und machte mich gleich auf den Weg zu ihm. Als ich ihn fast erreicht hatte, beendete er sein Spiel, nahm die Flöte vom Mund und blickte mir so lieb und treuherzig in die Augen, als wäre ich ein längst Vertrauter von ihm.

»Spiel weiter, Junge«, rief ich dem Rinderhirten zu,»du spielst so wunderschön.«

Er lächelte, führte die Flöte zum Mund und spielte weiter. Die lieblichen Töne trugen eine magische Kraft in sich. Ein Gefühl der uneingeschränkten Freiheit dehnte sich in meinem Inneren aus, als ziehe ich nun hoch am Himmel auf einer Wolke über Hügel, Berge und Meer.

»Bitte, spiel weiter, Junge«, rief ich inbrünstig, als er das Spiel wieder beenden wollte. »Spiel mir noch einmal das Lied von der grenzenlosen Freiheit.«

Der Junge spielte für mich, so lange ich es wünschte, dann fragte er mich: »Wer bist du, einsamer Wanderer?«

»Ich bin ein aufrichtiger Gott-Sucher.«

Der Hirte lächelte friedselig und entgegnete: »Unter Tausenden gibt es einen, der Gott aufrichtig sucht; und unter den Tausenden, die Gott suchen, gibt es einen, der ihn kennt.«

Wie von einem Geistesblitz getroffen, rief ich ganz spontan, »Du bist Krischna Bhagawad Krischna*«, denn der Inhalt dieser Worte war mir aus der Bhagavadgita** bekannt.

Der Hirte nickte und lächelte wiederum.

»Wirst du Erhabener wieder einmal für mich spielen, wenn ich hierherkomme?«, fragte ich.

»Ich werde jederzeit für dich spielen, wenn du es wünscht. Du brauchst nicht einmal hierher zu kommen, denn Krischna ist in dir.«

Kaum hatte er die letzten Worte gesprochen, war er ver-

---

* **Krischna:** Indische Gottheit. Der göttliche Hirte soll der Legende nach in einem Hirtenstamm aufgewachsen sein und mit seinem Flötenspiel die Hirtinnen bezaubert haben.

** **Bhagavadgita:** Religionsbuch des Hinduismus

schwunden; mit ihm seine Herde und die ganze Landschaft. Ich befand mich im Tagesbewusstsein, hörte jedoch in mir noch ganz deutlich die befreienden Melodien nachklingen, mit welcher der begabte Flötenspieler mein Gemüt beglückt hatte.

Krischna hat bis heute sein Versprechen eingehalten. Wenn ich ab und zu einmal mutlos bin oder mich in irgendeiner Weise eingeschränkt fühle, so bitte ich den Hirten, er möge doch für mich das Lied von der grossen Freiheit spielen. Sobald ich meine Bitte ausgesprochen habe, erklingt in mir die zauberhafte Melodie, und wenn ich dann noch die Gelegenheit habe, die Augen zu schliessen, sehe ich den lichtvollen Jüngling mit seinen glückseligen Gesichtszügen, wie er mitten in seiner Herde sitzt und spielerisch seiner Flöte die geheimnisvollen Töne entlockt.

Gut und Böse

Über dieses Thema ist schon viel geschrieben worden. Ich beschränke mich in diesem Kapitel nur auf meine persönliche Anschauung zu diesem Thema und möchte von vornherein darauf hinweisen, dass sich meine Bewertungsstrukturen im Laufe meines Lebens immer wieder geändert haben.

Nachdem ich in der Meditation das erwähnte negative Ministranten-Erlebnis noch einmal sehr intensiv durchlebt hatte: Die Schläge auf den Kopf zur Begrüssung, die Ungewissheit, warum ich bestraft wurde, das Bangen vor der heiligen Kommunion, ob mich der Priester würdig findet, mir sie zu überreichen, kam in mir nicht die geringste Wut auf. Ich war so froh, dass nicht noch Schlimmeres passiert war, nämlich, dass mich der Priester vor dem Volk nicht als unwürdigen Sünder blossgestellt hatte. Es hat sich alles vor über fünfzig Jahren genauso abgespielt, und ich empfand dieselben Gefühle wie damals.

Nach der Meditation war ich höchst erstaunt, warum ich das alles nach so langer Zeit noch ein zweites Mal durchstehen musste, wo ich doch dem Priester damals vergeben hatte.

Doch es wurde mir bald klar, dass ich damals das negative Erlebnis gar nicht verarbeitet hatte. Ich hatte ja mit keinem Menschen darüber gesprochen und liess nicht das geringste Gefühl, dass ich ungerecht behandelt wurde, in mir aufkommen. Während meiner Berufsausbildung als Schreiner absolvierte ich zusätzlich eine Weiterbildung für praktische Psychologie und befasste mich auch intensiv mit der Lehre von Emil Coué über bewusste Autosuggestion.

Ich erkannte bald, welche grosse Kraft im gesprochenen Worte liegt, dass Worte, die der Mensch immer wieder spricht oder hört, mit der Zeit zu seiner Wirklichkeit werden. Ich fragte mich damals, ob der Papst, die Bischöfe und die Priester das nie gelernt haben, und wenn ja, warum sie denn so viel von Unwürdigkeit, Schuldhaftigkeit, Sündhaftigkeit und so wenig von Liebe reden. Natürlich kann jeder erwachsene Mensch frei entscheiden, ob er an einen strafenden, zürnenden oder an einen liebenden Gott glauben will, in seinem Schöpfer einen gütigen Vater sieht, der ihn immer annimmt und liebt, so wie er ist.

Es steht jedem Gläubigen auch frei, ob er daran glaubt, er müsse Gott inbrünstig bitten, dass er bei ihm einkehrt, weil er ein Sünder ist, oder ob er daran glaubt, dass Gott seit jeher in ihm wohnt und durch ihn wirkt. Ihm näher ist als sein Atem.

Für jeden der Genannten wird seine Einstellung mit der Zeit zu seiner Überzeugung und dann zu seiner Wahrheit. Aber nur zu seiner Wahrheit.

Obwohl mich die römisch-katholische Kirche mit ihren mystischen Handlungen während des Gottesdienstes über viele Jahre fasziniert hat, fühlte ich mich nie so richtig frei in ihrer Gemeinschaft. In meinen jungen Jahren, weil ich mir ständig als Sünder vorkam und später, weil ich durch die Scheidung von meiner Frau kein vollwertiges Mitglied der Gemeinschaft mehr war. Das heisst, wenn eine Katholikin oder ein Katholik eine Scheidung vollzogen hat, so steht ihr oder ihm nach dem Gesetz der Kirche kein Anrecht mehr zu, eine neue Ehe einzugehen.

Schon als heranwachsender Jüngling stellte ich die Unfehlbarkeit des Papstes in Glaubens- und Sittensachen in Frage und sündigte dadurch gegen das Kirchengebot »du sollst nicht an Glaubenswahrheiten zweifeln«.

Doch als ich mich mit der Kirchengeschichte befasste, erkannte ich bald, dass der Glaube an die Unfehlbarkeit des Papstes in Glaubens- und Sittensachen für mich nicht mehr im Geringsten tragbar war. Bestimmt wäre es für die Zukunft der Kirche wertvoller gewesen, wenn man uns im Religionsunterricht die Wahrheit gesagt hätte, uns aufgeklärt hätte, dass in der Vergangenheit Päpste in Glaubens- und Sittensachen schwer versagt haben. Durch solche und ähnliche Erfahrungen entfremdete ich mich immer mehr von der katholischen Kirche. Um mir selber gegenüber ehrlich zu sein und endlich Klarheit in meiner religiösen Beziehung zu schaffen, erklärte ich aus innerer Überzeugung im Herbst 2007 den Austritt aus der römisch-katholischen Kirche. Das Bedürfnis, einer anderen Konfession oder Glaubensgemeinschaft beizutreten, hat sich bis heute bei mir nicht eingestellt.

In meinem ersten veröffentlichen Buch »Mary und das weite Meer« berichte ich, wie ich in der Meditation auf der Insel der Liebe den Liebesgruss »Gott hat dich lieb« lernte. Viele tausende Male habe ich seither in der Meditation und auch im Alltag bei einer Begegnung diese vier Worte in Gedanken ausgesprochen und in der Meditation entgegengenommen. Ich spreche sie auch heute noch bei jeder Gelegenheit im Stillen aus und erlebe es immer wieder, welche segensreiche Kraft in ihnen liegt und wie die meisten Erwachsenen, aber vor allem Kinder, positiv darauf reagieren.

Dieser Liebesgruss steht bei mir heute an der Stelle für die früheren Worte: Sünder, unwürdig, unvollkommen und mea culpa, mea culpa, mea máxima culpa.

Seit ich diese einfache Methode praktiziere, bin ich innerlich viel freier geworden. Das innere Bild von einem strafenden Gott, das man mir in meiner Kindheit und Jugendzeit beibrachte, hat sich allmählich umgewandelt in ein Gottesbild der Liebe. Es fällt mir dadurch spürbar leichter, die Menschen anzunehmen und zu lieben, so, wie sie sind. Ich sehe in ihnen und in mir nicht ständig das Unvollkommene.

Für mich ist es inzwischen eine befreiende Tatsache geworden, dass Gott uns alle liebt, dass er allzeit in uns und um uns ist und dass er in seiner Liebe volles Verständnis für unsere menschlichen Schwächen hat und seine Liebe zu uns dadurch keineswegs geringer wird.

Ehrlicherweise muss ich allerdings zugeben, dass bei mir dieser Prozess des Umdenkens, seit ich um die Kraft des gesprochenen Wortes wusste, viele Jahre dauerte und mir eigentlich erst in den letzten zehn Jahren durch den Liebesgruss die ersehnte Befreiung von meinen angesammelten Schuldgefühlen aus der Kindheit brachte.

In den letzten Jahren ist es mir erfreulicherweise immer besser gelungen, weniger zu werten und mehr zu lieben. Ich habe die wohltuende Erfahrung gemacht, wenn ich genügend geistig liebesfähig bin, die Bewertungsmassstäbe von Gut und Böse mit der Zeit überflüssig werden und mit ihnen auch die Gebote und die Verbote, denn kein wahrhaft geistig Liebender kommt zum Beispiel auf die Idee, seine Mitmenschen auszunutzen, zu hintergehen, ihnen Schlechtes zu wünschen oder sie sogar zu töten. Der echt liebende Mensch ist unfähig, einer Fliege etwas anzutun, weil er in allem Erschaffenen die Allmacht und Gegenwart Gottes erkennt. Wozu brauchte er noch das Gebot »du sollst nicht töten«.

Weit wertvoller ist es, die Menschen zu lehren, ihre geistige Liebeskraft zu entfachen, sie daran zu erinnern, dass sie göttlicher Natur sind und zum lieben und geliebt werden erschaffen sind. Dieses Verhalten verhilft den Menschen zu der Einsicht, dass sie weder gut noch böse, sondern Geschöpfe Gottes sind, die in Liebe und Freiheit hier auf Erden ihre Erfahrungen machen dürfen, um weiser und dadurch auch liebesfähiger zu werden.

Doch bis die ganze Menschheit fähig ist, die in ihr schlummernde geistige Liebeskraft zu entfalten und zum Ausdruck zu bringen, sind Gebote und Verbote zum Schutze der Menschen, der Tiere und der ganzen Natur nicht wegzudenken. Das heisst, die Gesellschaft muss sich gezwungenermassen weiterhin mit den üblichen Bewertungsstrukturen von Gut und Böse, weniger Gut und sehr Böse auseinandersetzen.

Um Gut und Böse geht es auch in der nächsten von mir erlebten Geschichte »Die Schreckensnacht«. Vor ungefähr zwanzig Jahren hatte ich mir fest vorgenommen, in meinem Leben nie mehr über dieses Erlebnis zu reden, denn ich hatte festgestellt, dass ich mich jedes Mal äusserst frustriert und für einige Tage kraftlos fühlte, wenn ich diese Geschichte erzählt hatte.

Wenn ich heute die wohl schrecklichsten Stunden meines Lebens der Öffentlichkeit preisgebe, dann aus folgenden Gründen:

Ich möchte damit aufzeigen, wie jeder Mensch magisch gute oder böse Geschehnisse anzieht, die ihn interessieren oder vor denen er sich fürchtet. Schon in meiner Jugend faszinierte mich alles, was aussergewöhnlichen Charakter besass; von den Geistergeschichten über die Hypnose, Tiefenpsychologie, Grenzwissenschaft bis zur weissen und schwarzen Magie.

Die Frage, ob es denn eine schwarze Magie überhaupt gibt und welche Macht ihr zugeschrieben werden kann, beschäftigte mich ständig. So wundert es mich heute nicht mehr im Geringsten, dass ich auf diese Frage durch ein kraftvolles Erlebnis eine vollumfängliche Antwort erhielt. Klar und deutlich erkannte ich, dass es wertvolle Menschen gibt, die mit voller Absicht den Kontakt zu den dunklen Kräften des menschlichen Lebens suchen und pflegen, um im Glauben Macht und Einfluss über das Leben ihrer Mitmenschen zu gewinnen. Die Erkenntnis, dass sie dabei selber zu Sklaven dieser dunklen Mächte werden, fehlt diesen machtgierigen Menschen.

Wenn ich mich heute immer noch mit Schaudern an dieses düstere Erlebnis erinnere, habe ich inzwischen doch auch erkannt, dass ich durch diese schmerzhafte Erfahrung viel Wichtiges gelernt habe. Vor allem wurde dadurch mein Wusch, mich in allen Lebenslagen und unter allen Umständen nur den lichtvollen Kräften des menschlichen Lebens anzuvertrauen, gefestigt und in meinem Bewusstsein unumstösslich verankert.

Somit bin ich wieder beim Thema Gut und Böse. Das

scheinbar Böse hat auf seine Weise auch etwas Gutes bewirkt, und damit verliert es an Bedeutung. Umgekehrt ist die Geschichte der Menschheit auch geprägt von Geschehnissen, in denen das Gute letztlich auch Böses hervorbrachte.

Wir leben in einer Welt der Dualität, das heisst der Gegensätze. Gut und Böse lösen sich dauernd ab, wie Licht und Finsternis, Leben und Tod, Gesundheit und Krankheit, Reichtum und Armut usw.

Erst als ich kürzlich in einer Meditation diese Schreckensnacht noch einmal hautnah, bis in die tiefsten Abgründe der Verzweiflung durchlitten hatte, wurde ich frei, dieses Erlebnis zu Papier zu bringen.

Die folgende Geschichte ist für ängstliche Menschen nicht geeignet.

Die Schreckensnacht

Eine vornehme Dame, um die vierzig Jahre alt, elegant gekleidet, begrüsste mich in der Meditation mit einem liebenswürdigen Lächeln im Gesicht.

»Es freut mich ausserordentlich, Herr Auf der Maur, dass Sie meinem Wunsch nachgekommen sind und bereit sind, mir einige Fragen zu beantworten. Ich heisse Renate Herren* und bin Oberärztin in der Klinik. Per Zufall bin ich vor einigen Wochen auf Ihre Akten gestossen. Doch setzen Sie sich doch bitte an den Tisch. Darf ich Ihnen eine Tasse Tee oder eine Tasse Kaffee anbieten?«

»Gerne eine Tasse Kaffee. Tee trinke ich eigentlich nur, wenn ich krank bin.«

»Sind Sie oft krank?«

»Nein, höchst selten.«

»Wie ich aus Ihren Akten entnommen habe, wollten Sie mit einundzwanzig Jahren hier in der Klinik den Psychiatriepfleger-Beruf erlernen, wurden aber leider aus Mangel an Belast-

* **Renate Herren:** Name geändert

barkeit nach zwei Tagen wieder nach Hause geschickt. Haben Sie später die Ausbildung doch noch nachgeholt?«

»Nein, ich habe mich nach einigen Jahren auf eine andere Weise nützlich gemacht.«

»Auf welche Weise, erzählen Sie bitte.«

»Ich war als Lebensberater tätig und nahm mich vorwiegend der hoffnungslosesten psychisch kranken Menschen an.«

»Waren Sie erfolgreich in Ihrer Tätigkeit?«

»Nicht in jedem Fall, dafür in manchem aussichtslosen.«

»Es interessiert mich brennend, mit welchen Methoden Sie bei aussichtslosen Fällen Erfolg hatten. Entschuldigen Sie, Ihren Kaffee habe ich ganz vergessen. Ich hole das sofort nach.«

Die Oberärztin verliess den Raum und kehrte bald mit einer Tasse Kaffee, Rahm und Zucker zurück. Als ich den Zucker in die Tasse einrührte geschah etwas Unfassbares, das mich fast zum Erstarren brachte. Die Tasse wurde immer grösser, bis sie den Umfang eines Menschenkopfes erreicht hatte, dann bildete sich aus dem Kaffee eine grauenvolle Teufelsfratze, die mir sehr bekannt vorkam, mich höhnisch angrinste und leise flüsterte:»Erinnerst du dich noch an mich? Siehe, wir aus der geistigen Unterwelt sind zeitlos und unzerstörbar wie unser Fürst Luzifer.«

»Herr Auf der Maur, ist Ihnen nicht gut? Sie sind ja kreidebleich und der Schweiss rinnt über Ihre Stirn.«

»Entschuldigen Sie, ich hatte soeben eine schreckhafte Erinnerung an meinen ersten unangenehmen Aufenthalt hier in der Klinik.«

Behutsam entfernte ich mit meinem Taschentuch die Schweisstropfen auf meiner Stirn und warf dann einen angstvollen Blick auf den Tisch, dabei bemerkte ich erleichtert, dass der Spuk vorbei war. Ich griff zur Tasse, zitterte so stark, dass es mir unmöglich war, sie ohne auszuschütten an den Mund zu führen. Ich stellte sie wieder auf den Tisch.

»Sie müssen in diesem Haus Schlimmes erlebt haben, dass Ihnen der Aufenthalt nach bald fünfzig Jahren so heftig zu schaffen macht!«

»Ja, die erste Nacht war die grauenvollste Nacht meines Lebens.«

»Möchten Sie mit mir darüber reden?«

»Nur, wenn Sie an meinen Erlebnissen ernsthaft interessiert sind.!«

»Aus diesem Grunde habe ich Sie doch zu einem Gespräch eingeladen«, entgegnete sie freundlich.

»Meinen Eintritt in der Klinik als zukünftiger Psychiatrie-pflege-Lehrling habe ich in sehr positiver Erinnerung. Der Oberpfleger, ein sehr sympathischer Mann mittleren Alters, führte mich durch alle Abteilungen der Klinik und wies gleichzeitig auf die Aufgaben hin, die in den kommenden Tagen auf mich warteten. Am Abend machte ich die Bekanntschaft mit fünf Pflegern, die in der Klinik tätig waren und im Personalhaus wohnten. In grosser Begeisterung wurde aufschlussreich über ihren anspruchsvollen Beruf diskutiert. Einer der anwesenden Pfleger, ungefähr fünfundvierzig Jahre alt, mit aussergewöhnlich disharmonischen Gesichtszügen, bemühte sich ganz besonders um meine Gunst. Sein Name war Rainer Kissling*. Meine Gefühle ihm gegenüber waren distanziert, unsicher und zeitweise abstossend. Irgendwie war ich erleichtert, als er sich plötzlich verabschiedete. Voller Zuversicht und Freude auf

---

* **Rainer Kissling:** Name geändert

meine neue Tätigkeit legte ich mich rechtzeitig zur Ruhe. Doch ein unbekanntes Gefühl in mir hinderte mich am Einschlafen. Es war schon bald Mitternacht, stellte ich an meinem Wecker fest. Es wäre jetzt vorteilhaft, wenn ich endlich einschlafen könnte, um morgen ausgeruht die Arbeit anzutreten, wünschte ich mir.

Warum wurde es plötzlich so frostig kalt in meinem Zimmer? Woher stammten die seltsamen Geräusche, die sich anhörten, als wenn ein angeketteter Hund sich losreissen will? Wie war es nur möglich, dass ich durch die Aussenwand in einen andern Raum schauen konnte? Für was sollte der Altar in diesem Raum dienen und warum war das Kreuz auf dem Altar umgekehrt aufgestellt? Was war das für ein antikes Buch auf dem Altar? War im goldenen Kelch Wein oder Blut? Was waren das für fünf dunkel gekleidete Gestalten, die im dämmerigen Kerzenlicht schweigend am Altar standen? Warum hatte ich solche Angst und fürchtete mich so masslos? Es war doch nicht Schlimmes passiert.

Oh, grosser Gott, das durfte nicht wahr sein, es waren die fünf Pfleger, mit denen ich mich am Abend unterhalten hatte. Erschrocken richtete ich mich im Bett auf und machte das Licht an. Es war genau Mitternacht.

Wahrscheinlich war ich doch eingeschlafen und hatte alles nur geträumt, vermutete ich. Nein, es war kein Traum, denn nun war ich vollkommen wach und die Aussenwand* in meinem Zimmer existierte einfach nicht mehr.

Die fünf dunklen Männer standen immer noch, das Gesicht

---

* Ich vermute, dass ich in eine tiefe Trance (veränderter Bewusstseinszustand) gefallen war, in der ich nur noch das sehen konnte, was mich so sehr in Angst und Schrecken versetzte.

mir zugewandt, am Altar. Der Mann in der Mitte war Rainer Kissling, der Pfleger, der sich besonders um meine Gunst bemüht hatte.

Ein Pfleger überreichte Rainer Kissling eine Teufelsmaske mit zwei kurzen spitzen Hörnern und einem bösartigen Blick. Er setzte sie sofort auf sein Gesicht und griff nach dem merkwürdigen Buch auf dem Altar. Er öffnete es und fing voller Hingabe mit lauter, monotoner Stimme an zu lesen.

»Unsere Hilfe und unser Heil ist im Namen Luzifers, der Himmel und Erde erschaffen hat.«

»Gelobt und gepriesen sei der Name Luzifers, jetzt und in alle Ewigkeit Amen«, erwiderten die vier anderen Pfleger.

Hier wird eine schwarze Messe gelesen, fiel mir spontan ein. Ich musste mich vor dem Bösen schützen, aber wie, überlegte ich. Dann fiel mir ein, dass ich mein Ministranten-Gebetbuch im Koffer hatte. Ich stand auf, nahm es hervor, kniete auf den Boden und fing an, die katholische Messe zu lesen. Ich spürte dabei solch gewaltigen Widerstand, dass es mir nur mit grosser Mühe und Anstrengung gelang, jeweils den Namen Gottes und Jesus Christus auszusprechen. Ich warf keinen Blick mehr auf die Diener Luzifers, aber jedes Mal, wenn ich den Namen Gottes oder Jesus Christus aussprach, übertönten sie ihn laut und energisch mit dem Namen Luzifer. Es war nicht nur der mysteriöse Auftritt dieser düsteren Gestalten, der mich in Angst und Schrecken versetzte, mich so gelähmt und hilflos machte. Es war vor allem die lieblose, eiskalte Atmosphäre, die sie durch ihr Ritual erzeugten. Mit dem Gebetbuch in der Hand brach ich unter der Flut der Erschütterung und Kraftlosigkeit schliesslich zusammen, bevor ich die heilige Messe zu Ende gelesen hatte. Mit meiner letzten Kraft erhob ich mich wieder auf die Knie, um die heilige Messe fertig zu lesen und erschrak fürchterlich, denn unmittelbar vor mir stand Rainer Kissling in der Teufelsmaske. Der Altar und die übrigen Männer waren verschwunden. Ich befand mich in meinem kleinen Zimmer.

›Junger Mann‹, sprach er mich gar freundlich an, ›du verfügst über aussergewöhnliche mediale Fähigkeiten. Ich kann dich lehren wie du diese jederzeit zu deinen Gunsten erfolgreich nutzen kannst. Du bist in unserem Kreis herzlich willkommen.‹

›Niemals, niemals, Herr Kissling komme ich zu euch. Ihr wartet vergebens auf mich. Euer Spiel ist zu Ende. Eure Macht ist gebrochen für ewig und immer.‹ Diese Worte sprach ich mehrmals und in so lauter Stimme, dass sie auch vom Zimmernachbarn gehört wurden, wie sich am nächsten Tag herausstellte.

An diese unerklärlichen Geschehnisse vermochte ich mich am anderen Morgen noch lückenlos zu erinnern. Was sich später in dieser Schreckensnacht noch zugetragen hat, weiss ich bis heute nicht. Als mein Wecker klingelte, lag ich in meinem Zimmer neben meinem Gebetbuch auf dem Fussboden. An der Aussenwand meines Zimmers, die während des Geschehens nicht sichtbar war, wo der Raum mit dem Altar stand, bemerkte ich kleine Stecknadeln, als Symbole angeordnet.

Einige Jahre später erklärte mir ein erfahrener Parapsychologe, dass diese Symbole in schwarzmagischen Praktiken eingesetzt werden und ich wohl dankbar sein könne, dass ich nicht noch meinen gesunden Verstand verloren hatte.«

Frau Doktor Herren sah mich mitfühlend an und forderte mich auf: »Erzählen Sie bitte weiter. Es ist wichtig für Sie, dass Sie jetzt das ganze Erlebnis preisgeben.«

Nach dem Frühstück erwartete mich der Oberpfleger in seinem Büro. Er sah mich besorgt an und erklärte mir, dass mein Zimmernachbar ihn darauf aufmerksam gemacht habe, dass ich in der Nacht mehrmals laut und verzweifelt ausgerufen hatte: ›Herr Kissling, niemals komme ich zu euch.‹

›Woher wissen Sie, dass Herr Kissling homosexuell ist? Hat er um Sie geworben oder Sie belästigt?‹

›Nein, nicht in dieser Hinsicht. Ich wusste gar nicht, dass er homosexuell veranlagt ist, vielmehr, so befürchte ich, versuchte er in der letzten Nacht, auf geistige Art Macht und Einfluss über mich zu gewinnen. Haben Sie schon etwas von schwarzen Messen gehört?‹

›Ja, ich habe darüber gelesen. Warum fragen Sie?‹

›Weil meinem Erleben nach alles dafürspricht, dass in der vergangenen Nacht im Personalhaus eine schwarze Messe gelesen wurde!‹

›Herr Auf der Maur, Sie sind möglicherweise von der bevorstehenden Aufgabe als Psychiatriepfleger überfordert. Machen Sie einen Spaziergang und erholen Sie sich heute. Die Oberärztin wird Sie nach dem Abendessen in Ihrem Zimmer aufsuchen und mit Ihnen ein Gespräch führen.‹

Nach dem Abendessen begegnete ich auf dem Weg zu meinem Zimmer im Korridor Herrn Kissling. Ich grüsste ihn freundlich, er rief mir laut und verärgert zu: ›Machen Sie diese Nacht keinen Blödsinn mehr.‹

Kurz darauf besuchte mich die Oberärztin und stellte mir

einige Fragen. Vor allem wollte sie erfahren, ob ich in der Vergangenheit schon ähnliche Erlebnisse wie in der letzten Nacht hatte. Ich konnte diese Frage mit gutem Gewissen verneinen. Sie schloss daraus, dass ich zu wenig belastbar sei für diese anspruchsvolle Tätigkeit und am besten morgen wieder die Klinik verlassen würde. Diesem Entscheid stimmte ich gerne zu, bediente mich der Tabletten, die sie mir mitgebracht hatte, schlief bald ein und wachte erst am frühen Morgen auf.

»Herr Auf der Maur, ist die Geschichte zu Ende?«, wollte Frau Doktor Herren wissen.

»Nicht ganz, es folgte eine schwere Depression, die ich allerdings ohne Klinikaufenthalt durchstand und die ich nach einem halben Jahr mit einer Überdosis Medikamente beenden wollte. Was man unter einer Depression versteht, brauche ich Ihnen wohl kaum zu erklären, und Menschen, die nie damit in Berührung kamen, werden sich von diesem Zustand kaum ein zutreffendes Bild machen.«

Frau Doktor Herren bedankte sich für das Gespräch und wünschte, zu einem anderen Zeitpunkt noch mehr über mein Leben zu erfahren.

Erst als ich mich einige hundert Meter von der Klinik entfernt hatte, gelang mir der Ausstieg aus der Meditation. Total entkräftet und schweissgebadet lag ich auf meinem Bett.

Das befreiende Gespräch in der Kapelle

»Warum hast du es, lieber Gott, nicht zugelassen, dass ich sterben durfte?« Dies war meine stille Frage an meinen Schöpfer, als ich mich einige Tage nach meinem Suizidversuch in einer abgelegenen Kapelle niederliess.

»Warum wolltest du sterben?«, fragte eine einfühlsame Stimme in mir.

»Weil das Leben mit meiner Depression unerträglich geworden ist«, entgegnete ich.

»Hast du auch daran gedacht, dass Gott dich von dieser Krankheit befreien kann?«

»Ich habe es gehofft, doch es wurde nicht besser.«

»Um Grosses zu vollbringen, genügt Hoffen allein oft nicht. Mit Glauben, Hoffen, Lieben und der erforderlichen Ausdauer wird vieles möglich.«

»Was kann ich sonst noch dazu beitragen, dass ich bald wieder vollkommen gesund sein kann?«

»Verhalte dich so, als wärest du bereits gesund und weiche von diesem Prinzip nicht mehr ab. Öffne deine Augen für die Schönheiten der Natur und du wirst erkennen, dass Gott nicht nur in der Kirche, sondern überall gegenwärtig ist. Die Auferstehungskraft des Schöpfers fliesst ständig durch die ganze Schöpfung und macht alles wieder neu. Betrachte einen blühenden Baum, wenn du von hier weggehst. Vor kurzem stand er noch wie abgestorben, kahl und dürre da. Jetzt sind seine Zweige voll von Knospen und herrlichen Blüten. Er hat nur ein Ziel: er will seine Natur offenbaren. Er will leben, wachsen, blühen, Früchte hervorbringen und dereinst, wenn seine Zeit gekommen ist, sterben. So möge es auch in deiner Seele Frühling werden, damit auch du deine wahre Natur und Talente zum Ausdruck bringen kannst.«

Ja, meine wahre Natur zu offenbaren und alle meine Talente auszuleben, war mir seit meiner Kindheit ein grosses Bedürfnis. Darum wollte ich nach meiner Ausbildung zum Schreiner noch Psychiatriepfleger werden und dabei immer tiefer in das Geheimnis der menschlichen Seele eintauchen. Ich wollte vor allem die Ursachen psychischer Krankheiten und Störungen ergründen und Ausschau halten, wie ich diesen betroffenen Menschen am besten helfen kann.
Ich war auf bestem Wege zu diesem Ziel, da geschah das Unerwartete. Nach dieser Schreckensnacht wurde ich selber, über ein halbes Jahr, zu einem besorgniserregenden, depressiven Fall.

Mit allem, was mir diese innere Stimme in der Kapelle empfahl, war ich gerne einverstanden. Nur für den Hinweis, dass ich mich so verhalten soll, als sei ich bereits gesund, hatte ich wenig Verständnis. Schliesslich hatte mir auch der Psychiater, der während der Zeit meiner Depression die gesundheitliche Abklärung durchführte und mir das entsprechende Medikament verschrieb, deutlich erklärt, dass ich mich mit dieser Krankheit abfinden soll. Er werde für meinen Arbeitgeber ein Zeugnis ausstellen, so dass ich an kritischen Tagen ohne Probleme und schlechtes Gewissen nicht zur Arbeit gehen brauche.

Bei allem Widerspruch entschloss ich mich trotzdem, nachdem ich die Kapelle verlassen hatte, genau und beharrlich nach den Richtlinien meiner inneren Stimme zu leben.

Auf dem Rückweg zum Spital hielt ich immer wieder kurz an und betrachtete staunend die herrliche Frühlingswiese mit den blühenden Bäumen. Wohin ich auch schaute, zeigte sich der Frühling in seiner schönsten Pracht. Die Vögel zwitscherten und in der Ferne krähte ab und zu ein Hahn, als wollte er mir zurufen: »Wach endlich auf aus deinem bösen Traum, der Frühling ist da.«
Ja, der Frühling war da. Warum nur hatte ich das erst jetzt entdeckt? Meine Augen und Ohren waren offenbar seit langer Zeit verschlossen für alles Schöne und Erhabene um mich herum.
Eine fühlbare Veränderung vollzog sich in meinem Gemüt. Ein intensives Frühlingserwachen fand in meinem Innern statt.

Selbstvertrauen statt Medikamente

Als ich mich im Spital von meinem Spaziergang zurück-meldete, führte mich eine Ordensschwester in das Büro des Arztes, der mich behandelt hatte. Sie bemerkte, ich solle hier auf den Arzt warten, er möchte mit mir sprechen. Ich dachte: »Der wird mir jetzt wohl so richtig ins Gewissen reden für den Blödsinn, den ich gemacht habe.« Als der Arzt, ein sympathischer Mann reifen Alters eintrat, war ich tatsächlich auf eine Ladung Vorwürfe gefasst und dann freudig überrascht, dass er das Gespräch so freundlich begann.

»Sie sehen gut aus, Herr Auf der Maur. Wie fühlen Sie sich?«

»Ich bin verunsichert, wie es jetzt weitergehen soll mit mir, Herr Doktor.«

»Das ist Teil Ihrer Krankheit, machen Sie sich deswegen keine Sorgen. Wir regeln das schon. Das Schlimmste haben Sie ja hinter sich.«

»Ja, dank Ihrer Hilfe. Vielen Dank für alles.«

»Fühlen Sie sich wohl hier im Spital?«

»Sehr wohl, die Verpflegung stimmt und ich habe einen sehr angenehmen Zimmernachbarn.«

»Herr Auf der Maur, Ihre Mutter hat mich angerufen. Sie geht ja morgen auf eine Pilgerreise nach Lourdes. Sie wäre sehr beruhigt, wenn Sie über diese Zeit noch im Spital bleiben würden. Ich habe ihr das von unserer Seite zugesichert. Sind Sie damit einverstanden?«

»Ja, ich bin einverstanden.«

Im zweiten Teil des Gespräches wollte der Arzt mich informieren, wie er vorgehen möchte, mir zu helfen, mein seelisches Gleichgewicht wieder zu finden.

Er vertrat die Ansicht, dass eine Gesprächstherapie bei einem Psychiater bestimmt wertvoll sein könnte. Betonte danach, dass ich hierfür jedes Mal nach Zürich reisen müsste, weil er in meiner näheren Umgebung keinen Psychiater kenne, dem er mich anvertrauen möchte. Deshalb habe er sich entschieden, ausnahmsweise diese Aufgabe zu übernehmen, sofern ich bereit sei, ihn in diesem Amt zu akzeptieren.

Erleichtert gab ich ihm sofort meine Zustimmung. Obwohl ich den Arzt erst seit meiner Einlieferung kannte, gewann er sofort mein volles Vertrauen.

Er zeigte sich erfreut über meine Entschlossenheit und fragte mich: »Wissen Sie, wo die Ursache Ihrer Depression liegt?«

»Nein.«

»So will ich es Ihnen erklären. Sie haben durch eine berufliche Niederlage Ihr wertvolles Selbstvertrauen verloren. Es liegt jetzt einzig und allein an Ihnen, ob Sie die Mühe auf sich nehmen wollen, um diesen Verlust wieder auszugleichen. In Ihnen liegt die erforderliche Kraft dazu. Sie sind Ihrer Natur nach ein Kämpfer, der nicht so leicht aufgibt. Sie sind ein junger Mann, der das Leben noch vor sich hat und noch

Grosses leisten kann. Glauben Sie mir, Sie werden es schaffen, wieder vollkommen gesund und leistungsfähig zu werden. Sie erhalten meine Unterstützung, soweit es erforderlich ist. Zudem pilgert Ihre Mutter jetzt nach Lourdes. Sie wird für Sie beten und die Kraft ihres Gebetes wird den Heilungsprozess günstig beeinflussen. Ein aufrichtiges Gebet hat schon manches stille Wunder vollbracht. Schauen Sie vorwärts. Das Vorgefallene kann Sie nicht mehr belasten, wenn es Ihnen gelingt, das Ereignis in Ihrem Denken als wertvolle Lebenserfahrung einzuordnen. Meiner Ansicht nach, sollten wir jetzt den Versuch wagen, ob Sie in Zukunft ohne Medikamente auskommen. Diesen Entscheid können wir, wenn es nötig wird, jederzeit wieder rückgängig machen.«

Auch zu diesem Vorschlag gab ich dem Arzt meine Zustimmung. Er verabschiedete sich von mir und ich begab mich in mein Zimmer. Dort wartete mein ungefähr zwanzig Jahre älterer Zimmernachbar auf mich.

Er wusste Neuigkeiten zu erzählen. Sein Chef, der Inhaber einer Möbelfabrik, hatte ihn in meiner Abwesenheit besucht. Er wollte bei ihm nachfragen, wie es ihm gesundheitlich gehe und ob er nicht schon ein paar Tage früher als vorgesehen seine Arbeit wiederaufnehmen könnte. Er hatte seinem Chef geantwortet:»Und wenn ich an meiner Bauchoperation gestorben wäre, würde es ja auch ohne mich weitergehen.« Versprach ihm jedoch, sobald es nur möglich sei, seinem Wunsch nachzukommen.

»Es fehlt in unserm Betrieb einfach noch ein gut ausgebildeter Möbelschreiner, der einspringen kann, wenn jemand fehlt«, bemängelte mein Zimmernachbar.

Hierauf gab ich mich zu erkennen:»Ich bin Schreiner und suche eine neue Herausforderung.«

»So ruf doch meinen Chef an, der wird dich ganz bestimmt sofort einstellen.«

Und so geschah es auch. Ungefähr drei Wochen später arbeitete ich mit grossem Interesse in diesem Betrieb. Ich durfte mich in allen Abteilungen einarbeiten und ausbilden, bis ich fähig war, den Platz von fehlenden Mitarbeitern einzunehmen. Ich arbeitete drei Jahre lang in diesem Unternehmen. So lange, bis ich den Entschluss fasste, meine Berufung als Lebensberater auszuüben.

Was meine Depression betrifft: Nach dem Gespräch mit dieser unbekannten inneren Stimme in der Kapelle und nach dem Gespräch mit dem Arzt war sie wie weggeblasen. Ich benötigte keine Medikamente und keine weiteren Arztgespräche mehr.

Es ist jetzt fünfzig Jahre her und ich habe inzwischen nie einen depressiven Rückfall erlitten, der mich gehindert hätte, meiner Arbeit und meinen Verpflichtungen nachzugehen. Einzig, als meine Frau und ich entschieden, uns nach 27 Ehejahren zu trennen, erlitt ich ein Burnout. Wie es mir gelang, durch Meditationserlebnisse mit meiner inneren Partnerin Mary* dieses Burnout zu überwinden, erkläre ich in meinem ersten veröffentlichten Buch »Mary und das weite Meer.«

---

* Das Buch ist 2011 im der edition fischer erschienen

Meine innere Partnerin Mary:

Nach der Trennung von meiner Frau pflegte ich über fünf Jahre eine intensive, geistige Beziehung mit meiner inneren Partnerin Mary. In dieser Zeit wurde mir so richtig bewusst, was der Ausdruck »Doppelgeschlechtlichkeit« (ein Begriff aus der Tiefenpsychologie) bedeutet.

Mystiker, Dichter, Philosophen und grosse Denker, Frauen und Männer wussten schon seit Jahrhunderten über die Doppelgeschlechtlichkeit der menschlichen Seele Bescheid.

Von den alten Römern stammt der Spruch: »Jeder Mann trägt seine Frau in sich.« Umgekehrt trifft das natürlich auch auf jede Frau zu. Sie trägt ihren Bräutigam in sich.

Wer mit Meditation den Zugang in sein Unterbewusstsein geschafft hat, trifft dort noch auf eine Anzahl weiterer bekannter inneren Figuren, zum Beispiel: Die inneren Eltern, das innere Kind, der Weise, der Diener, der Arzt usw.

Zum rechten Zeitpunkt begegnete ich in der Meditation meiner inneren Partnerin Mary, die mit ihrem Vater zusammen eine Naturheilpraxis betrieb und mich während meines Burnouts fürsorglich betreute, bis meine seelische Wunde geheilt war.

Vom ersten Augenblick unserer Begegnung fühlten wir eine grosse gegenseitige Zuneigung füreinander, die sich bald schon als heimliche Liebe enthüllte.

Als der Vater von Mary nach einem Monat feststellte, dass ich wieder vollkommen gesund war und keine Betreuung mehr nötig habe, trafen wir uns in ihrer Hütte. Von dieser Zeit an nahm das Schicksal seinen Lauf; wir wurden ein glückliches Paar.

Genau wie jedes Liebespaar im realen Leben die Sehnsucht

nach absoluter Vereinigung in sich trägt, sehnten auch wir uns auf der geistig-seelischen Ebene nach der vollkommenen geistigen Einheit.

Mary sprach einmal über dieses Thema sehr aufschlussreich:

»Unergründlich sind die Wege der Liebe. Manchmal, wenn du bei mir bist, spüre ich in mir das Verlangen, mich in die Fluten deiner suchenden Seele zu stürzen und darin unterzugehen, um allzeit mit dir vereint zu sein.«*

* Aus dem Buch »Mary und das weite Meer«

Während der Zeit, als ich in der Möbelfabrik arbeitete, wohnte ich im Elternhaus. In meiner Anwesenheit wurde nie über meinen Suizidversuch gesprochen. Ich lebte, wie die meisten jungen Männer in diesem Alter; mit Freunden und Kollegen viel unterwegs, auf der Suche nach der richtigen Frau. Dadurch blieb oft nur wenig Zeit zum Schlafen übrig, aber trotzdem war ich immer pünktlich und mit vollem Einsatz bei der Arbeit.

Meine besorgte Mutter hatte oft grosse Mühe mit meinem Lebensstil. »Du brauchst mehr Schlaf. Wer einmal mit den Nerven Probleme hatte, braucht genügend Schlaf, es kann sonst jederzeit wieder zu einem Rückfall kommen.« So oder ähnlich tönte es oft schon beim Frühstück.

Obwohl meine Mutter in ihrem tiefen Glauben an Wunder sicher auf ihrer Pilgerreise nach Lourdes viel zu meiner Genesung beigetragen hatte, gelang es ihr nicht, mich endgültig vollkommen gesund zu sehen.

Ich selber war davon überzeugt und fühlte es auch, dass ich wieder ein gesunder, freier Mann war.

Wenn ich oben erwähnte, dass ich in dieser Zeit, wie die meisten jungen Männer lebte, so trifft das nur auf mein äusseres Verhalten zu. Im Innern meines Seins, in meiner Gedankenwelt, war ich ständig auf der Suche nach neuen Möglichkeiten, um die menschliche Seele mit ihren Höhen und Abgründen besser kennenzulernen und zu verstehen. Psycho-Physiognomik war nebst der Psychologie, mit der ich mich dauernd beschäftigte, eine weitere Möglichkeit, die Menschen und ihre Charakteranlagen besser zu erkennen und ihr Handeln besser zu verstehen. So wurde ich Mitglied der Studiengesellschaft für Carl Huters Psycho-Physiognomik.

Kein Weg war mir zu weit, wenn irgendwo in der Schweiz ein Seminar oder eine Veranstaltung zu diesem Thema stattfand. Immer mehr erkannte ich, wie jeder Mensch an sein ursprüngliches Naturell gebunden ist und dementsprechend denkt, fühlt und handelt.

Auch Yoga hielt ich für eine gute neue Möglichkeit, meinem Ziel näher zu kommen. In den Sommer-Betriebsferien war es soweit. »Ab nach Ponte-Tresa.«

Erlebnisse mit Yoga und Yogameistern

Ich betrachte es als eine wunderbare Fügung, dass ich meine ersten Yoga-Erfahrungen beim indischen Yogi Selvarajan Yesudian und Elisabeth Haich in der Yogaschule in Ponte-Tresa im Tessin machen konnte. Als ich dem lichtvollen Yogameister zum ersten Mal begegnete, spürte ich sofort,»da bin ich am richtigen Ort angekommen.« Dieser Mann strahlte etwas Wohltuendes aus, was man nicht mit Worten beschreiben kann.

Der Morgen fing mit Hatha-Yoga an. Das ist das Yogasystem mit den Atem- und Körperübungen; Pranayama und Asanas. Der Sinn dieser Übungen besteht darin, uns den Körper und alle seine Tätigkeiten bewusst zu machen. Wer Hatha-Yogi werden möchte, der übt so lange, bis es ihm gelingt, sein Selbstbewusstsein in jedes Organ seines Körpers zu versetzen. Selvarajan Yesudian war der Überzeugung: Wer die Regeln des Hatha-Yoga befolgt, wird niemals krank und erfreut sich bis ins späte Alter einer vollen Gesundheit. Er erwähnte in diesem Zusammenhang auch, dass eine gute Gesundheit allein noch nicht das Endziel, sondern die Grundlage für ein höheres geistiges Yoga sei.

Während meines Aufenthaltes in der Yogaschule waren wir ungefähr vierzig Schüler, die sich ernsthaft bemühten, Hatha-Yogis zu werden.

Dass unser Meister uns nicht nur perfekte Körperübungen beibringen wollte, fiel mir schon in der ersten Stunde auf. Zwischen den Übungen schaltete er oftmals eine kurze Entspannungspause ein und ermahnte uns:»Rein sein am Körper. Rein sein in der Seele. Viel Licht ausstrahlen.« Anschliessend an die Hatha-Yogastunde erzählte uns Selvarajan Yesudian aus dem bewegten Leben von Sri Rama Krishna, einem der bedeutenden Yogis und Mystiker des 19. Jahrhunderts in Indien.

Ab und zu gab es eine Fragestunde mit Frau Elisabeth Haich. Ich bewunderte jedes Mal ihren reichen Wissensschatz, den sie besass.

Am Abend brachte uns der Meister die Meditation bei. Wir lernten uns auf dem Stuhl richtig zu entspannen und dann gab er die Anweisung:»Im Mittelpunkt des Herzens sein und Ruhe erleben. Rein Geist sein.«

Sogleich wurde es bis zum Ende der Meditation, für ungefähr vierzig Minuten, still im Schulungsraum. Hierauf kehrte jeder mit seinen eigenen, inneren Erlebnissen ins Hotel zurück.

Nach einer Woche kehrte ich, vollgestopft mit neuem Wissen und einer heiteren Zuversicht, nach Hause zurück. Endlich hatte ich erkannt, dass ich in Zukunft mit Hatha-Yoga sehr viel dazu beitragen kann, um vollkommen gesund und leistungsfähig zu bleiben.

Die Yoga- und Meditationsübungen baute ich sofort, soweit es möglich war, in den Tagesablauf ein. Meine beruflichen Anforderungen litten keineswegs unter den Aktivitäten der

Yoga-Weiterbildung. Beides war mir wichtig, Beruf und Yoga; schliesslich hatte ich auch in beiden Bereichen Erfolg.

Im Herbst 1967 verliess ich im Alter von 24 Jahren endgültig das Elternhaus und zog von der Innerschweiz ins Berner Oberland. Dort liess ich mich für kurze Zeit in einer Schreinerei anstellen und plante nebenbei meine Selbstständigkeit als Lebensberater.

Ich lebte anfänglich in einem kleinen Zimmer in einer Pension. Die Inhaberin hatte finanzielle Sorgen und suchte nach einer neuen Möglichkeit, ihre Pension attraktiver und gewinnbringender zu führen. Sie befasste sich mit dem Entschluss, ihre Pension als Erholungsheim für ältere und leicht geistig behinderte Menschen einzurichten.

»Mit diesem Plan können Sie Erfolg haben«, bestätigte ich ihr mit felsenfester Überzeugung. »Wenn Sie es wünschen, betreue ich diese Menschen mit Gesundheitsturnen und Meditation.«

Es liess nicht lange auf sich warten, da trafen die ersten Erholungsbedürftigen ein. Ich nahm sofort meine versprochene Aufgabe wahr und erteilte ihnen fast täglich Gesundheitsturnen und Meditation. Beim Gesundheitsturnen handelte es sich um ganz einfache Yogaübungen. Doch mit dem Namen Yoga wollte ich diese Menschen nicht verunsichern. Den Einstieg in die Meditation begann ich immer mit den gleichen Worten:»Wir legen alles still in Gottes Hände, das Glück, den Schmerz, den Anfang und das Ende.«

Dann begann ich unter Musikbegleitung einfach aus meinem Innern, medial tröstende, aufbauende Worte und Lebensweisheiten zu sprechen. Dadurch wurde vom Inhalt her jede Meditation einmalig.

Der Hausarzt im Dorf, der sich in der Pension um die Kranken kümmerte, stellte bald fest, dass die Patient/innen durch das Gesundheitsturnen beweglicher und auch geistig fitter wurden. Regelmässig ermahnte er die Bedürftigen, sie sollen unbedingt weiterhin am Gesundheitsturnen teilnehmen.

Bald schon kam der Tag, wo sämtliche Zimmer in der Pension von alten, betagten, aber auch von jüngeren leicht geistig behinderten Menschen besetzt waren. Dadurch wurde es auch unruhiger im Haus und ich hatte oft grosse Mühe, meine Yogaübungen konzentriert zu machen. Ich suchte nach einer kleinen Wohnung und fand bald eine; ausserhalb des Dorfes, ganz nahe am Waldrand.

Schon bald erkannte ich, welchen grossen Vorteil es für einen Yogaschüler ist, wenn er ein stilles Heim hat, wo er sich ungestört seinem Studium widmen kann.

Zusätzlich hatte ich die Möglichkeit, meine Mahlzeiten selber zu bestimmen und sie auch zuzubereiten. Mein Bedürfnis meldete sich vorwiegend für den vegetarischen Weg.

Bei gutem Wetter verbrachte ich viel Zeit im naheliegenden Wald, machte da auch meine Atemübungen und kam immer gestärkt an Seele, Geist und Körper nach Hause. In solchem positiven Zustand gelang es mir meistens auch, die erholungsbedürftigen Pensionäre beim Gesundheitsturnen und in der Meditation erfolgreich zu begeistern.

Nicht nur tagsüber, auch in hellen Mondnächten wanderte ich oft allein durch den Wald und beobachtete Tiere und Pflanzen. Einmal lehnte ich mich an einen Baum und fragte ihn ganz spontan: »Was weisst du mir zu erzählen?«

Geschätzte Leserin, geschätzter Leser, Sie werden es mir wohl kaum glauben, doch es entspricht der Wahrheit, der Baum antwortete. Ich vernahm in mir deutlich eine klare, unbekannte Männerstimme, die mich mit den Worten: »Willkommen, Bruder Mensch«, begrüsste.

Höchst erstaunt fragte ich: »Verstehst du die Sprache der Menschen?«

»Es ist selten, dass ein Mensch zu uns spricht. Wir freuen uns, dass du unsere Sprache kennst und so oft in unser Reich kommst. Wir können dich mit der Ruhe und der Kraft des Waldes erfüllen, wenn du bei uns bist.«

»Eure Ruhe und die Kraft des Waldes bedeuten mir unendlich viel. Ich danke dir, lieber Bruder Baum und all deinen Brüdern und Schwestern für das wertvolle Geschenk.«

Einerseits hoch erfreut über dieses Erlebnis, aber andererseits mit Zweifeln belastet trat ich den Heimweg an.

In den folgenden Tagen gelang es mir immer auf Anhieb, mich mit dem Baum zu unterhalten; dann auch mit anderen Bäumen und schliesslich noch mit den Blumen und Pflanzen.

Was mich besonders beeindruckte, war die Feststellung, dass jeder Baum, jede Blume, jede Pflanze ihre individuelle Sprache betreff Tonlage und Tempo besass.

Im Sommer 1973 wurde ich Schüler der Gemeinschaft der Selbstverwirklichung, gegründet von Paramahansa Yogananda.

Das aufschlussreiche Buch »Autobiographie eines Yogis« bewegte mich zum Beitritt in die Gemeinschaft.

In meiner 34-jährigen Mitgliedschaft als Schüler studierte ich in 78 Lektionen Fernunterricht die Yogaphilosophie und praktizierte einen Teil der vorgegebenen Übungen zusätzlich zu dem Hatha-Yoga.

Im Mittelpunkt dieser Yogalehre steht der Krya-Yoga. Nach Paramahansa Yogananda bedeutet das die Vereinigung mit dem Unendlichen durch eine bestimmte Meditationstechnik. Mit Hilfe des Krya-Yoga kann die menschliche Entwicklung erheblich beschleunigt werden.

Auf die angebotene Einweihung in den Krya-Yoga verzichtete ich, denn das Gelübde, das der Schüler dabei ablegen muss, empfand ich als eine Einschränkung und ein Hindernis, weitere Geistesschulen kennenzulernen. Vor allem die Philosophie der Rosenkreuzer wollte ich noch gründlicher studieren.

Was mich am Krya-Yoga besonders faszinierte, war das Leben der grossen Gurus, die dazu beigetragen haben, die Lehre unter die suchenden Menschen zu bringen: Der unsterbliche Babadschi, der Familienvater Lahiri Mahasaya, der Guru von Yogananda, Sri Yukteswar und Paramahansa Yogananda.

Nach ungefähr einem halben Jahr meiner Mitgliedschaft als Krya-Yoga Schüler hatte ich ein aussergewöhnliches Erlebnis. Ich betrachtete und beurteilte im Buch »Autobiographie eines Yogis« die Fotos der oben erwähnten vier Gurus. Während ich noch auf das Bild von Sri Yukteswar schaute, hörte ich in meinem Innern eine markante, aber freundliche Männerstimme, die mir erklärte: »Deinem Charakter nach hast du viel Gemeinsames mit Yogananda. Ihr beide seid von Natur aus sehr einfühlsame und friedfertige Menschen. Yogananda war in seinem Leben ein unermüdlicher Sucher nach den Perlen der höchsten Wahrheiten des Lebens und du bist es auch. Yogananda war manchmal ein feinfühliger Tagträumer, und du bist es auch. Er hat in seinem letzten Leben sein Ziel endgültig erreicht. Mit Ausdauer und Geduld wirst auch du zur Quelle der allumfassenden Wahrheit gelangen. Unsere Gemeinschaft der Selbstverwirklichung unterstützt dich gerne. Prüfe aus unserem Angebot, was dir auf deinem Weg dienlich ist. Mache Gebrauch davon und wende es an.« Gegen den Schluss der Rede sah ich für einen Augenblick mit offenen Augen den Yogi Sri Yukteswar vor mir stehen. Ich war erschüttert und fassungslos; Tränen füllten meine Augen. Noch vor einem kurzen Augenblick versuchte ich den Meister nach Carl Huters Naturellehre zu beurteilen, um von ihm ein zutreffendes Charakterbild zu erhalten.

Der grosse Yogi war mir zuvorgekommen, als wollte er mir klarmachen: »Solche Beurteilungen bringt ein Yogi auf seine Art und Weise auch zustande und das erst noch von der jenseitigen geistigen Welt* aus.«

In der folgenden Zeit befasste ich mich intensiv mit der Lehre von Parmahansa Yogananda. Dabei spürte ich öfters die Anwesenheit der grossen Meister.

Nur mit dem Mächtigsten von ihnen, dem unsterblichen Babadschi, klappte der Kontakt nicht so richtig. Wenn ich mich auf ihn konzentrierte, wusste ich am Ende der Meditation nie so richtig, ob es eine persönliche Begegnung oder nur ein Akt meiner Einbildung war.

Diese Unsicherheit wollte ich unbedingt aus der Welt schaffen und entschied mich, bei der nächsten Meditation so intensiv und so lange zu meditieren, bis ich absolute Klarheit erhalten hätte.

Mit diesem Entschluss und meinem Blick auf das Bild von Babadschi gerichtet, machte ich den Einstieg in die Meditation. Schon nach kurzer Zeit verlor ich das Bewusstsein zur

---

* **Sri Yukteswar** starb am 9. März 1936

Aussenwelt und kletterte in meiner Vision, ohne Seil und Haken, eine steile Felswand empor. Instinktiv war ich überzeugt, hier oben würde ich den grossen Meister Babadschi antreffen. Vorsichtig kletterte ich Schritt für Schritt weiter, hielt mich mit den Händen fest, wo es nur möglich war und prüfte genau, wo ich meinen Fuss für den nächsten Schritt absetzen durfte. Ab und zu löste sich ein Stein, an dem ich mich festklammern wollte und stürzte in die Tiefe.

Nach einem schier endlosen Kampf um Leben und Tod erreichte ich ein circa zwei Meter breites Felsband, das sich quer über den ganzen Felsen zog. Eine Anzahl Sträucher und kleine Bäume schmückten darauf den kargen Felsen. Mit meiner letzten Kraft hielt ich mich unten am Stamm eines kleinen Baumes fest und zog meinen Körper nach oben.

Aus weiter Ferne hörte ich eine Schar singender Menschen. Doch ich empfand keine Lust, mich umzuschauen. Ich wollte nur eines: liegenbleiben und ausruhen, da, wo ich angekommen war, zuäusserst am Abgrund.

In meinem Halbschlaf lauschte ich dem fernen Gesang. Den Text konnte ich nicht verstehen, ausser ab und zu den Namen Babadschi, weil er besonders kräftig betont wurde. »Babadschi«, das erinnerte mich an mein Vorhaben, dem legendären Guru zu begegnen.

Es gelang mir aufzustehen. Behutsam machte ich auf dem Felsband ein paar Schritte nach links, durch das vorhandene Gebüsch und stand dann an einem herrlichen Aussichtspunkt.

Etwa fünfzig Meter unter mir lag eine grüne Talmulde, umrandet von steilen Felswänden. Auf dieser grünen Oase befand sich die kleine singende Gruppe Männer. Sie bildete einen Halbkreis, und vorn in der Mitte stand eine Person, so

wie ich erkennen konnte, das Gesicht der Menge zugewandt.
Meine Neugier trieb mich auf einem schmalen Fussweg
weiter nach unten, der Sänger-Gruppe entgegen. Als ich so
nahe war, dass ich den Text ihres Liedes verstand, blieb ich
stehen und lauschte.

»Guru Babadschi, ich neig mich vor dir.
Guru, mein Guru, ich liebe dich.
Schau meine Seele, die sehnt sich nach Licht,
bis alles, was noch dunkel, verherrlicht ist.
Öffne meine Augen und zeig mir das Licht,
bis alles, was noch dunkel, verherrlicht ist.
Öffne meine Ohren, dann hör ich das Wort,
das alles erschaffen und alles erhellt,
mir göttlichen Frieden und Freude schenkt.
Guru Babadschi, ich danke dir.
Guru, mein Guru, ich liebe dich. OM-OM-OM.«

Es gab für mich keinen Zweifel mehr; der junge Mann, der
sich im Halbkreis vor die Sänger gestellt hatte, war der
unsterbliche Babadschi und die Sänger seine Jünger.
In keiner Weise war ich mir bewusst, dass ich mich in der
Meditation befand. Ich fühlte mich schwach und war voller
Sorgen um den Abstieg nach der Begegnung mit dem
unsterblichen Babadschi. Zusätzlich plagte mich das
schlechte Gewissen, weil ich mir das Recht nahm, so unauf-
gefordert in das Leben des sagenhaften Yogis zu platzen.
Zum ersten Mal, seit ich Yoga praktizierte, bekam ich zu
spüren, welche gewaltige Kraft und Macht in der gesunge-
nen Silbe OM steckt.

Wie ein Sturmwind fegte der singende Laut über mich her und befreite mich innerhalb Minuten von all meinen Sorgen, Ängste und Zweifeln. Ruhe und eine heitere Zuversicht erfüllen mich.

»Dieses Abenteuer wird bestimmt auch gut enden, wie so manch anderes in meinem Leben. Wie oft schon habe ich mir grundlos Sorgen gemacht um die Zukunft.« Solche und ähnliche positive Gedanken erfüllten mich.

»Soll ich nun Babadschi und seinen Jüngern entgegenschreiten?«, überlegte ich mir. »Nein«, entschied ich. Ich wollte mich zuerst geistig vorbereiten für diese schwer errungene Bekanntschaft.

Ich schaute zu den Bergspitzen hinauf und kam mich danach unendlich klein und unwichtig vor. Meine noch vor kurzem so positive Lebenshaltung geriet wieder ins Wanken. Gefühle der Einsamkeit und der Verlorenheit überfielen mich, wie schon so oft in solchen aussergewöhnlichen Meditationserlebnissen.

»Wer bin ich schon zwischen diesen mächtigen Bergen mit ihren heimtückischen steilen Felswänden? Was habe ich hier oben zu suchen? Wer ist dieser Guru Babadschi, von dem man erzählt, dass er schon hunderte von Jahren im gleichen Körper im Himalaya Gebirge mit seinen Jüngern umherzieht?«

Doch mein Zweifeln und Fragen sollte bald ein Ende nehmen, denn ich beobachtete, wie sich der von mir vermutete Babadschi von seinen Jüngern entfernte und mit leichten Schritten mir entgegenkam.

Ja, es war unverkennbar der mysteriöse Guru Babadschi. Er sah dem Bild im Buch von Yogananda treffend ähnlich; ein harmonischer, kräftiger Mann, ungefähr dreissig Jahre alt.

Als er vor mir stand, neigte ich mein Haupt ehrfürchtig vor ihm, aber ich brachte kein Wort hervor.

Es fand keine Begrüssungszeremonie zwischen uns statt.

Mit leicht besorgter Stimme fragte mich Babadschi: »Mein Sohn, wie gelangst du auf diese Höhen?«*

»Ich habe über Euch in einem Buch gelesen und wollte Euch aufsuchen und kennen lernen.«

»So wurde dir die wertvolle Erkenntnis zuteil, dass der beharrliche Sucher stets findet, wonach er sucht.«

»Ja, aber nur unter grosser Gefahr und übermenschlicher Anstrengung, Guru Babadschi, habe ich euch gefunden.«

Da lächelte der sagenumwobene Yogi freundlich und entgegnete: »Wenn dir Gefahr droht, so besinne dich auf die Gegenwart Gottes in dir und du wirst unter dem Schutz des Allerhöchsten stehen. Wenn du zur übermenschlichen Anstrengung fähig bist, so ist es ein Zeichen, dass der Christusgeist durch dich wirkt.«

Babadschi wendete das Gespräch auf meinen geistigen Weg und gab mir ein paar persönliche Tipps, die ich mir unbedingt merken sollte.

Ich wollte Babadschi noch um seinen Segen bitten, damit ich den Abstieg durch die Felswand unversehrt schaffen würde. Doch es war nicht mehr möglich und nötig. Die Vision war vorbei. Ich sass wieder am Tisch und vor mir lag das offene Buch »Autobiographie eines Yogis« mit dem Bild von Guru Babadschi.

---

* In der Meditation wie auch in der Traumpsychologie stehen Berge und Felsen als Symbol für Hindernisse, die es zu überwinden gibt, um ein gewünschtes Ziel zu erreichen. Mit den »Höhen« spricht Babadschi vermutlich eine höhere Bewusstseinsebene an, in der es mir gelang, mit ihm in Verbindung zu treten.

Woher kommen die unbekannten Stimmen?

Ich kehrte zu meinem Alltagsleben als junger Lebensberater zurück. Durch meine öffentlichen Vorträge über Psychologie, Menschenkenntnis, Yoga und Grenzwissenschaft dehnte sich mein Bekanntheitsgrad immer weiter aus. Ab und zu suchten mich Menschen in meinem stillen Heim auf, die mich in grosser Verzweiflung um Rat und Hilfe baten. Eine Frau in den dreissiger Jahren zeigte mir ihre Unterarme, die voller Narben waren. Schon vier Mal hatte sie versucht, durch das Aufschneiden der Pulsadern ihrem Leben ein Ende zu machen. Doch jedes Mal wurde sie noch rechtzeitig aufgefunden und gerettet. Schluchzend erklärte sie mir: »Nun ist es wieder so weit. Ich kann nicht mehr anders. Die Stimmen befehlen mir dauernd, dass ich mich vom obersten Stock des Hauses aus dem Fenster stürzen oder mir mit einem Messer ins Herz zu stechen soll. Bitte helfen Sie mir, meinen Kindern zuliebe, dass ich stark bleiben kann und diese grosse Sünde nicht begehen muss«, bat sie mich inständig. Mir war klar, dass diese Frau dringend Schutz und Hilfe brauchte und nicht nur tröstende Worte von mir. Schonend versuchte ich ihr beizubringen, dass ein kurzer Aufenthalt in der psychiatrischen Klinik für sie wohl das Allerbeste wäre. Ich bot ihr an, dass ich persönlich mit ihr hinfahren würde, wenn sie dies wünschte.

Sobald mir von ihrem Hausarzt das Einweisungsdokument überbracht wurde, fuhren wir los. Unterwegs erklärte mir die Frau, dass sie schon mehrere Klinikaufenthalte hinter sich hatte und gegen die qualvollen Stimmen regelmässig Medikamente einnehme.

Nach der Einweisung hatte ich die Gelegenheit, mit dem Chefarzt der Klinik ein kurzes Gespräch zu führen. Ich fragte ihn unter anderem, woher diese Stimmen, unter denen die eben eingelieferte Frau so furchtbar litt, kommen.

Etwas verlegen antwortete er: »Woher die Stimmen kommen, wissen wir nicht. Wir wissen nur, dass es sie gibt und dass sie bei den meisten schizophren kranken Menschen immer wieder präsent sind. Meistens drängen sie sich in befehlerischer, gebieterischer, ja sogar zwingender Art dem psychisch kranken Menschen auf.«

Ich bedankte mich beim Chefarzt, war jedoch enttäuscht, dass er in dieser Hinsicht nicht mehr wusste als das, was ich auch schon lange festgestellt hatte. Fest entschlossen nahm ich mir vor, selber nach den Ursachen solcher mysteriösen Stimmen zu forschen.

Auf der Heimfahrt erinnerte ich mich plötzlich, wie ich als ungefähr achtjähriger Knabe zum ersten Mal eine unbekannte Stimme hörte, wo weit und breit kein Mensch zu sehen war.

Es geschah an einem kalten Winterabend, als ich vom Dorf nach Hause lief. Um schneller daheim in der warmen Stube zu sein, wählte ich den Fussweg, eine Abkürzung über das schneebedeckte Feld. Über mir leuchteten der Mond und ein traumhafter Sternenhimmel. Immer wieder blieb ich stehen und schaute voller Freude zum hellen Mond und den vielen lieblichen Lichtlein am Himmel empor.

Plötzlich hörte ich ganz nahe neben mir eine sanfte, liebliche Frauenstimme fragen:»Möchtest auch du ein Licht im Dunkel dieser Welt sein?«

Verwundert schaute ich nach allen Seiten über die fast taghelle verschneite Wiese. Nirgends war ein Lebewesen sichtbar und trotzdem antwortete ich:»Nein, ein Licht möchte ich nicht sein, ich bin lieber ein Mensch.«

Darauf fragte mich die sympathische Stimme:»Aber möchtest du ein Mensch sein, der mit einem Licht in der Hand voran läuft, damit andere Menschen durch die dunkle Nacht besser den Heimweg finden?«

»Ja, das möchte ich schon lieber«, entgegnete ich.

»Das freut mich. Komm gut nach Hause.«

Die Stimme meldete sich nicht mehr. Unbesorgt lief ich nach Hause. Dass ich während des ganzen Gespräches kein Gegenüber sah, beunruhigte oder ängstigte mich keineswegs. Meinen Eltern und Geschwistern erzählte ich mein seltsames Erlebnis nie, denn ich befürchtete, dass sie mir nicht glauben würden.

Während der sechs Jahre meiner Tätigkeit als Lebensberater suchten viele hoffnungslose und verzweifelte Menschen bei mir Rat und Hilfe.

Oftmals, wenn es mir gelang, Zuversicht und Glauben an das Gute in ein umnachtetes Gemüt zu bringen, erinnerte ich mich an das Erlebnis, das ich als Knabe unter dem Sternenhimmel hatte und fühlte mich glücklich, dass ich wieder einem Menschen ein bisschen Licht sein durfte. Ab und zu hörte ich sogar die liebevolle Frauenstimme, die mich damals fragte: »Möchtest du ein Mensch sein, der mit einem Licht in der Hand voran läuft, damit andere Menschen durch die dunkle Nacht besser den Heimweg finden?« Erst nach so vielen Jahren verstand ich die Botschaft dieses unbekannten Wesens richtig.

Es gibt Menschen, die so sensibel veranlagt sind, dass bei ihnen das Wahrnehmen von inneren Stimmen zum Alltag gehören. Diesen Menschen möchte ich aus eigener Erfahrung den Rat geben: Geht vorsichtig und kritisch mit solchen unbekannten Meldungen um. Nicht immer ist es euer Schutzengel oder sonst ein erleuchtetes Wesen, das nur das Allerbeste für euch will. Fragt nach, wer der Sprechende ist und was seine Absichten sind und in welchem Auftrag er sich euch mitteilen möchte.

Prüft, ob es euch nach solchen unbekannten Meldungen besser geht als vorher. Fühlt ihr euch freier und zeigt es sich auch in eurem Alltag, dass die empfangenen Hinweise für euch hilfreich sind, dann lohnt es sich, dieser unbekannten Stimme volle Aufmerksamkeit zu schenken. Ich denke dabei an mein geschildertes Gespräch in der Kapelle. Die Hinweise, die ich in diesem Gespräch erhalten habe, waren mir wegweisend zur vollkommenen Gesundheit. Doch wer der beratende Gesprächspartner war, weiss ich bis heute nicht. Ich habe es damals auch versäumt, ihn nach seinem Namen und seiner Herkunft zu fragen. Ihn zu fragen, in welchem Auftrag er zu mir spricht.

Inzwischen stelle ich solchen unbekannten und mitteilungsbedürftigen geistigen Rednern immer zuerst einige Fragen.

»Wer bist du?«

»Wie ist dein Name?«

Wenn er seinen Namen nicht preisgeben will, ist Vorsicht am

Platz. Nennt er seinen Namen, frage ich weiter: »Wer gibt dir den Auftrag, mich anzusprechen?«

Vielfach kommt die Antwort: »Ich mache es im eigenen Interesse, weil ich dir helfen möchte.«

Schlussendlich stelle ich eine klare Bedingung, um mich zu schützen: »Wenn deine Absicht dem Willen Gottes entspricht, so sprich zu mir, sonst befehle ich dir zu schweigen.«

Krankhafter oder bösartiger Natur sind innere Stimmen, die uns drohen oder sogar zwingen wollen, dies oder jenes zu tun. Stimmen, die uns Angst machen und uns verwirren. Wie das der Fall bei der erwähnten Frau war, die durch innere Stimmen ständig aufgefordert wurde, sich umzubringen.

Im Laufe meiner geistigen Forschungsarbeit habe ich festgestellt, dass viele dieser inneren Stimmen aus dem Unterbewusstsein des betroffenen Menschen stammen. Verdrängte Hass-, Schuld- und Angstgefühle nehmen im Unterbewusstsein Form und Gestalt an und melden sich oft zu Wort. Manchmal erscheinen diese geistig verkörperten negativen Energien dem Meditierenden als bösartige Fratzen.

Zudem gibt es Menschen, die die Stimmen von verstorbenen Seelen wahrnehmen.

Eine ältere, psychisch kranke Dame beklagte sich bei mir, dass sie jede Nacht, trotz der vom Arzt verordneten Schlaftabletten, immer um Mitternacht aufwache und vor ihrem Bett die Stimme ihres vor über zwanzig Jahren verstorbenen Stiefvaters höre. Er teile ihr immer wieder mit, dass er keine Ruhe finde im Jenseits, weil sie nicht katholisch geheiratet habe und ihre Kinder nicht katholisch taufen liess. Somit seien sie und ihre Kinder für immer verloren.

Mit dieser Last lebte die psychisch angeschlagene Frau seit dem Tod ihres Stiefvaters. Dieser Vorwurf, dass ihr Stiefvater ihretwegen keinen Frieden finden kann, beschäftige sie so sehr, dass sie meistens bis zum Morgen nicht mehr einschlafen konnte.

Mich beschäftigte und interessierte dieser Fall ganz besonders, so dass ich der Dame versprach, ich würde versuchen, in der Meditation mit ihrem verstorbenen Stiefvater Kontakt aufzunehmen und bat sie um das Foto von ihm, das sie zum Gespräch mitgebracht hatte.

Noch in derselben Nacht zündete ich kurz vor Mitternacht eine Kerze an, konzentrierte mich auf das von der Dame erhaltene Foto und lud den verstorbenen Stiefvater zu einem Gespräch mit mir ein.

Nach wenigen Minuten stand die ruhelose Seele vor mir. Es folgte ein ungefähr viertelstündiges Gespräch zwischen uns, das ich hier im Wesentlichen wiedergeben möchte.

»Es freut mich, Gustav, dass ich dir begegnen darf. Ich lernte heute deine Stieftochter kennen. Sie hat grosse gesundheitliche Probleme. Sie steht vor einem Nervenzusammenbruch und braucht dringend Hilfe.«

»Geht sie denn nicht zum Arzt?«

»Doch, schon, aber dem Arzt gelang es bis heute nicht, die Ursache ihres Leidens zu beheben.«

»Das ist ihre verdiente Strafe Gottes, weil sie vom Glauben abgefallen ist«, entgegnete mein geistiger Gesprächspartner.

»Du glaubst an einen strafenden Gott, Gustav?«

»Ich glaube an einen gerechten Gott. Auch ich muss dafür leiden, weil ich mitschuldig bin, dass meine Stieftochter sich so weit von Gott entfernt hat und nie in den Himmel kommen kann. Ich finde keinen Frieden und keine Ruhe.«

»Deshalb suchst du deine Stieftochter jede Nacht auf und versuchst sie zu bekehren?«

»Ja, während der Nacht, wenn sie ruht, ist sie am empfänglichsten für meine Botschaften und spürt meine Gegenwart am besten.«

»So gut deine Absicht auch sein mag, doch deine Anwesenheit und deine Botschaften sind genau die Ursachen ihrer Krankheit, weil sie dadurch keinen Schlaf mehr findet und todunglücklich ist.«

»Glaubst du wirklich, dass ich schuld bin, dass es ihr so schlecht geht?«

»Ich glaube es nicht nur, ich bin überzeugt davon, dass es so ist. Wenn es deinem Wunsch entspricht, dass deine Stieftochter bald gesund wird und auch du zur Ruhe kommen möchtest, dann übergebe ihr Leben und dein Leben der göttlichen Gegenwart und Gottes grenzenloser Liebe. Trenne dich jetzt von deiner Stieftochter, deren Wohl dir so sehr am Herzen liegt. So besteht auch für dich die Möglichkeit, dass du diese Ebene, auf der du geistig nicht mehr vorwärtsschreiten konntest, verlassen und ins göttliche Licht eingehen kannst.«

»Seltsam, du bist mir ein unbekannter Mann, doch du hast in dieser kurzen Zeit mein Vertrauen erworben. Ich werde deinen Rat befolgen und Gott bitten, dass er uns in seiner grossen Liebe, an der ich so oft im Leben gezweifelt habe, aufnimmt. Grüsse mir bitte meine liebe Stieftochter und sage ihr, dass alles gut wird.«

Da erschien neben Gustav eine lichtvolle, weissgekleidete männliche Gestalt und sagte zu ihm: »Komm mit mir, Gustav, ich zeige dir den Heimweg.«

Hierauf verschwanden die beiden Wesen. Eine heilige Stille erfüllte mich und auch mein Heim.

Am anderen Tag meldete sich die Stieftochter telefonisch mit der guten Nachricht, dass sie nach langer Zeit zum ersten Mal des nachts nicht von ihrem Stiefvater gestört wurde und durchschlafen konnte. Ich gab meiner Freude Ausdruck und erklärte ihr, dass es in Zukunft wohl so bleiben werde, weil ihr Stiefvater, den Weg auf eine höhere geistige Ebene gefunden habe.

Als ich nach zehn Jahren der einst fast verzweifelten Frau begegnete, sah sie um Jahre jünger aus, als zu der Zeit, als ich sie kennenlernte. Sie wies darauf hin, dass ihr verstorbener Stiefvater sich inzwischen nie mehr bei ihr gemeldet habe und sie jeden Tag Gott danke, dass er Frieden gefunden habe.

Wer ist der geheimnisvolle Fremde?

Nie war es meine Absicht, eine geheimnisvolle Persönlichkeit zu sein, oder es noch zu werden. Alle, die mich näher kannten, wussten es, dass ich keine Geheimnistuerei anstrebte, sondern mich gerne so offen und natürlich zeigte, wie ich meinem Wesen nach war. Doch für diejenigen Menschen, die mich nur flüchtig kannten, war ich stets ein geheimnisvoller Fremder geblieben. Ein Grund dafür mag wohl mein etwas aussergewöhnliches Verhalten gewesen sein. Meistens allein bis spät in die Nacht hinein unterwegs. Um Mitternacht spazierte ich vielfach in das Dorf zur Poststelle, um die erledigte Briefpost einzuwerfen.

Die festgestellte Tatsache, dass ich für zahlreiche Menschen in der Gemeinde ein rätselhafter Typ war, veranlasste mich, meinen ersten öffentlichen Vortrag über praktische Psychologie in der Wohngemeinde zu halten. Das gab mir die notwendige Möglichkeit, mich den ungefähr vierzig erschienenen Besuchern vorzustellen und über meine Tätigkeit als Lebensberater zu sprechen.

Leider musste ich später feststellen, dass nicht einmal zehn Interessierte unter den anwesenden Besuchern aus dem eigenen Dorf gekommen waren. Die übrigen waren aus benachbarten Dörfern zu meiner Veranstaltung angereist, denn ich hatte den Anlass auch in der Regionalzeitung angekündigt.

Obwohl ich den Vortrag sorgfältig vorbereitet hatte, blieb das Lampenfieber nicht aus. Mit erzwungener Ruhe trug ich für den Einstieg ein Gedicht vor, das ich auswendig gelernt hatte, und dann redete ich ungefähr fünfzig Minuten frei und gelöst über das festgelegte Thema.

Zu meiner Genugtuung durfte ich von einigen Anwesenden angenehme Komplimente ernten. Ein interessiertes Lehrerpaar wollte mich unbedingt näher kennen lernen, um noch mehr über mich und meine Lebens- und Weltanschauung zu erfahren. Sogleich vereinbarten wir einen Termin.

Bei der Verabschiedung von meiner Zuhörerschaft fragte mich eine ältere und, wie es mir schien, von Sorgen gezeichnete Frau, ob ich noch Zeit hätte, ihr einen Augenblick zuzuhören, wofür ich gerne bereit war.

Sie war der Meinung, dass ich sehr gut und überzeugend gesprochen hatte, doch leider das Allerwichtigste dabei vergessen hatte, nämlich dass Jesus Christus der grösste und sicherste Helfer und Berater sei für alle Menschen und alle Probleme.

Schlagfertigkeit ist leider nicht meine Stärke. Die geistreichsten Antworten kommen mir oftmals erst nach Stunden oder Tagen in den Sinn.

Ich dankte der besorgten Frau für ihre Aufmerksamkeit und versicherte ihr, dass ich mich in meiner Berufung tief mit Jesus Christus verbunden fühle und über ihren Hinweis gerne nachdenken werde.

Nach diesem erfolgreichen Abend gelang es mir nicht einzuschlafen. An Müdigkeit fehlte es mir nicht, doch ich vermochte mich einfach nicht von den vorgefallenen Ereignissen zu trennen. Im Mittelpunkt meines sich stets drehenden Gedankenkarussells stand die ehrlich gemeinte Bemerkung der Zuhörerin, die mir klarmachen wollte, dass ich das Allerwichtigste in meinem Vortrag vergessen hatte, nämlich zu erwähnen, dass Jesus Christus der grösste und sicherste Helfer und Berater sei.

Langsam steigerte ich mich in einen Zustand von Unsicherheit und Zweifeln und stellte mir selber Fragen, die mich bis anhin noch nie beschäftigt hatten.

»Bin ich auf dem richtigen Weg? Wäre es sinnvoller, wenn ich in meinen Vorträgen mehr über Gott statt wissenschaftliche Erkenntnis reden würde? Liebt mich Jesus so, wie ich bin? Ist er einverstanden damit, dass ich so lebe und handle, wie es meinem innersten Bedürfnis entspricht?«

An Schlaf war in diesem verwirrten Zustand nicht mehr zu denken. So stand ich wieder auf und zündete im Wohnzimmer eine Kerze an. Im Gebet bat ich Gott um eine klare unmissverständliche Antwort. Ich horchte lange Zeit in mich hinein und wurde dabei immer ruhiger, doch die Antwort blieb aus.

Mit dem Gedanken, dass ich möglicherweise die Antwort in einem Traum erhalten werde, legte ich mich wieder ins Bett und schlief so gut und lange, dass ich am Morgen nicht einmal den Wecker klingeln hörte.

An einen Traum erinnerte ich mich nicht beim Aufwachen, jedoch daran, dass ich einen Termin bei einem todkranken Geschäftsmann in der Innerschweiz abgemacht hatte und die Zeit jetzt sehr knapp wurde.

Gestresst fuhr ich die kurvenreiche, unübersichtliche Kantonstrasse am See entlang. Ständig hielt ich Ausschau auf eine Gelegenheit, um den Personenwagen vor mir zu überholen, doch es bot sich keine sichere Möglichkeit.

Endlich, endlich verliess der vor mir fahrende Autolenker die Hauptstrasse und vor mir fuhr ein Auto mit ausländischem Nummernschild und einem aufgeklebten Plakat mit der Aufschrift: »Jesus liebt dich«.

Augenblicklich war mir klar, dass die Begegnung mit diesem Text kein Zufall für mich war, sondern die unfehlbare Antwort auf meine gestellten Fragen in der letzten Nacht. Mehr als diese Worte brauchte ich nicht zu wissen. Ich fühlte mich sofort befreit von meinen Zweifeln. Bis sich unsere Wege trennten, folgte ich diesem frohen Botschaftsbringer und vertiefte mich immer wieder in den befreienden Text.

Pünktlich traf ich beim todkranken Patienten ein. Er hatte über seine Pflegefachfrau von mir gehört und wollte mich unbedingt noch kennen lernen, wie er sagte, bevor er diese Welt verlassen werde. Er erzählte mir, dass ihm letzte Nacht seine verstorbene Frau im Traum erschienen sei und ihm zugewinkt habe. Nachdem er mir noch eine familiäre Sorge anvertraut hatte, die ihn sehr belastete, äusserte er den Wunsch, gemeinsam mit mir zum Abschied das »Vaterunser« zu beten. Gerne folgte ich seinem Wunsch. Zwei Tage später erhielt ich von seiner Pflegefachfrau die Nachricht, dass der schwer Leidende friedlich eingeschlafen und verstorben sei.

Inzwischen bin ich in vielen Meditationen Jesus von Nazareth begegnet und habe in schwierigen Situationen nie vergebens um seinen Segen und seinen Beistand gebetet. Allein schon seine geistige allumfassende, liebende Anwesenheit zu spüren, erfüllt mich immer wieder mit grosser

Kraft, Liebe, Geduld und Freude. So ist die damalige Botschaft »Jesus liebt dich« in mir zu einer lebendigen, spürbaren Erkenntnis geworden, auf die ich in meinem Leben nie mehr verzichten möchte.

Am Unterhaltungsabend kamen wir uns näher

In der Hoffnung, dass dieser Abend mir die Gelegenheit böte, die Leute aus der Gemeinde besser kennen zu lernen, nahm ich am Anlass teil. Schon bei meiner Ankunft entschloss ich mich, auf die Festbesucher an meinem Tisch zuzugehen und mich für sie zu interessieren. Der Saal war zu Beginn des Programmes bis auf ein paar Stühle an meinem Tisch voll besetzt. Nachdem eine Pause angesagt wurde, versuchte ich mit einem Tischnachbarn ins Gespräch zu kommen, wurde aber unerwartet vom Hausarzt der Gemeinde höflich unterbrochen. Er setzte sich neben mich auf einen frei gebliebenen Stuhl und fing an, über die Erholungspension, deren Bewohner er ja ärztlich betreute, zu diskutieren.

In dem Gespräch, das wir führten, stellte sich heraus, wie sehr der Arzt hinter diesem Projekt stand und dass ihm viel daran lag, dass es weitergeführt wurde. Ich spürte auch, dass er grosses Vertrauen in meinen Beitrag, das Gesundheitsturnen und die Meditation, setzte. Erst als die Pause zu Ende war, kehrte er auf seinen Platz zurück.

Als das offizielle Programm mit den verschiedenen Darbietungen beendet war, brachte eine volkstümliche Tanzmusikkapelle die Gäste in gute Stimmung und der edle Wein, der reichlich konsumiert wurde, verfehlte seine Wirkung auch nicht. Hemmungen und verborgene Ängste wurden von ihm innerhalb kurzer Zeit bei vielen Festteilnehmern regelrecht weggespült.

Ich traute meinen Augen nicht, als ich beobachtete, wie der sonst so ernste, zurückhaltende Postbeamte plötzlich auf den Festtisch stieg und mit seinen groben, genagelten Bergschuhen auf der Tischplatte der Musik half, den Takt etwas stärker zum Ausdruck zu bringen.

Ein rauschendes Fest, bei dem man kaum seine eigenen Worte verstehen konnte, war in Gang gekommen. Ohne Sturz stieg der Postbeamte wieder vom Tisch und setzte sich mir gegenüber auf seinen Stuhl. Die Gläser klirrten; es wurde gegenseitig »Gesundheit« gewünscht und dann nahm das Fest an unserem Tisch eine Wendung.

Der Postbeamte bat um etwas Ruhe und Aufmerksamkeit. Er suchte das Gespräch mit mir, das ich natürlich heute, ungefähr fünfzig Jahre später, nicht mehr wörtlich wiedergeben kann. Doch einige Episoden sind mir geblieben.

»Wie ich dich einschätze, bist du eine geistige Kapazität und bist uns allen hier in dieser Hinsicht weit überlegen. Aber für die realen Aufgaben im Leben, wenn es um Erfolg und Geld geht, taugst du glaube ich, nicht viel.«

Das war eine ehrliche Einschätzung des Postbeamten, die ich zur Kenntnis nahm und antwortete: »Ich freue mich darüber, dass du mir wenigstens ein Talent zugestehst.«

»Meines ist das Saufen«, rief ein mehrfacher Familienvater, der in der Gemeinde als hoffnungsloser Alkoholiker bekannt war.

Ungefähr in diesem Stil wurde weiter diskutiert, gelacht und zwischendurch wieder mit den Gläsern angestossen und dabei »Gesundheit« gewünscht.

Ein älterer magerer Handwerker, dessen Name ich schon lange vergessen habe, wollte seine Meinung über mich auch noch kundgeben: »Bis heute habe ich immer angenommen, du seist ein eingebildeter, verdrehter Tölpel. Doch jetzt, wo ich dich besser kenne, tut mir das wirklich leid. Du bist ja ein gewöhnlicher Mensch wie wir; ein echt angenehmer Kollege.«

Viel zu schnell verging die kostbare Zeit. Die Musik spielte plötzlich nicht mehr, das Fest war vorbei. Man wünschte sich gegenseitig eine gute Heimkehr.

Der stark angetrunkene Familienvater war in einen depressiven Zustand gefallen; das »Trinkerelend«.

Als er mir draussen zum Abschied die Hand drückte, sagte er zu mir: »Gell, du magst mich nicht, weil ich ein Säufer bin?«

»Da irrst du dich gewaltig. Ich mag dich so gut, dass ich dir von ganzem Herzen wünsche, dass du bald die Kraft aufbringst, fremde Hilfe anzunehmen und es dir gelingt, mit dieser Hilfe deine Sucht, auch zum Wohle deiner Familie, zu überwinden.«

Tränen lösten sich in seinen Augen. Er lief wortlos von mir weg, in die dunkle Nacht hinaus.

Schon in jungen Jahren bedeuteten mir solch grosse, laute Festanlässe wenig. Ich bewegte mich lieber in kleinen Kreisen, wo es ruhiger und überschaubarer zuging. Doch dass ich an diesem Unterhaltungsabend teilgenommen hatte, werde ich niemals bereuen, denn er bot mir die Möglichkeit, wertvollen Menschen in der Gemeinde näher zu kommen.

Erfolg und Geld

Wenn der schon erwähnte Postbeamte die Auffassung vertrat, dass ich realitätsfremd sei, entsprach das weitgehend der Wahrheit.

So wurde beispielsweise Geld für mich, zu jener Zeit, erst ein interessantes Thema, wenn es mir fehlte und ich Mühe hatte, rechtzeitig meinen finanziellen Verpflichtungen nachzukommen.

Das Wort »sparen« war für mich ein Fremdwort. Wozu soll man Geld in den Mittelpunkt des Lebens stellen, wenn doch Jesus Christus lehrte, dass wir uns nicht um den morgigen Tag sorgen, sondern in erster Linie nach dem Reich Gottes Ausschau halten sollten.

Genau auf diese Botschaft vertraute ich damals felsenfest, und ich habe dabei viele wunderbare Erfahrungen gemacht. Hier nur einige Beispiele:

Als ich zu einem Gesprächstermin nach Luzern fahren wollte, stellte ich fest, dass mir das Geld ausgegangen war und das vorhandene Benzin im Auto sicher nicht mehr für die Heimfahrt reichen würde.

Ich besass auf der Poststelle ein Postfach. So vertraute ich darauf, dass bestimmt ein Brief mit einer Spende eingegangen war von einem meiner ratsuchenden Patienten. Das war öfters der Fall, weil ich für meine telefonischen wie auch persönlichen Beratungen keine Rechnung stellte. Es war mir ein Bedürfnis, dass auch weniger- und unbemittelte Personen meine angebotene Hilfe in Anspruch nehmen konnten. »Sie dürfen geben, was die Mittel erlauben und Ihr Herz befiehlt«, lautete mein Hinweis, wenn es sich um die Begleichung meines Honorars handelte.

Doch ausgerechnet an diesem Tag war das Postfach leer. Von Kreditkarten wusste ich damals nichts. Was soll ich nun unternehmen, überlegte ich. Den Termin absagen, oder?

Nein, den Termin durfte ich nicht absagen. Es war ein wichtiger Gesprächstermin. Am besten fahre ich jetzt los und entscheide nach dem Gespräch, was zu tun ist, dass ich wieder nach Hause fahren kann, entschied ich.

Nach der Ortschaft Brienz standen drei junge Soldaten am Strassenrand und gaben mir das übliche Anhaltezeichen mit dem Wunsch, sie möchten gerne mitfahren. Natürlich hielt ich an und liess die Wehrmänner einsteigen. Auch ihr Ziel war Luzern. Es war für mich eine freudige Überraschung, als jeder von ihnen mir als Dank beim Aussteigen ein Fünffrankenstück in die Hand drückte. Damit war meine Heimfahrt mit dem Auto gesichert.

Wieder einmal mehr hatte ich erlebt, dass Gottes Hilfe immer und überall gegenwärtig ist.

An einem Samstagnachmittag stellte ich fest, dass in meinem Kühlschrank nichts Essbares mehr vorhanden war und auch in meiner Geldtasche sah es erbärmlich aus. Nur ein paar Kleinmünzen glotzten mir entgegen.

Aufgrund dieser Feststellung fasste ich den Entschluss, zwei Tage zu fasten, was sich auf meine Gesundheit und Geistestätigkeit immer sehr positiv auswirkte.

Kaum stand mein Entschluss fest, klingelte das Telefon und ein ehemaliger Arbeitskollege, der mit seiner Familie im nächsten Dorf wohnte, lud mich bei ihm zu Hause zum Abendessen ein.

Ohne lange zu überlegen sagte ich seinem Vorhaben zu. Doch bevor ich mich auf den Weg zu ihm machte, meldeten sich noch zwei weitere Bekannte, von denen ich schon längere Zeit nichts mehr gehört hatte, und beide wollten mich zum Abendessen einladen. Auch diese zwei Einladungen waren mir sehr willkommen. Sogleich machten wir einen neuen, passenden Termin ab.

In der Familie meines früheren Arbeitskollegen wurde ich auch von seiner Frau und den sechs Kindern freudig begrüsst. Der älteste Sohn war ungefähr achtzehn Jahre alt und der jüngste kaum richtig aus den Windeln. Die einzige Tochter, etwa sechzehnjährig und sehr zurückhaltend, beobachtete mich aufmerksam, redete aber wenig.

Bei einem köstlichen Abendessen mit einem Glas Wein fühlte ich mich bald wie ein Familienmitglied. Ich genoss es aufs äusserste, nach langer Zeit, wieder einmal mit einer Grossfamilie zu essen.

Jedenfalls kam ich auf dem Heimweg zur Überzeugung, dass diese Begegnung eine freudige Bereicherung für alle Beteiligten war. Gewiss hätte mir das Fasten auch gutgetan, doch ich war dankbar für das harmonische Zusammensein und die aufbauenden Gespräche mit den Familienmitgliedern.

Ein anderes Mal machte ich mir Sorgen, wie ich wohl den Mietzins von hundertfünfzig Franken für meine Wohnung bis Monatsende zahlen sollte. Es dauerte nur noch einige Tage, bis es soweit war, und ich hatte bisher noch keinen Rappen gespart.

Sofort änderte ich mein Denken und sagte mir:»In ein paar Tagen ist bei Gottes wunderbarer Führung und Fügung noch vieles möglich.«

Zwei Tage später erhielt ich von einem Geschäftsmann, den ich schon früher öfters im Hinblick auf Personalprobleme beraten hatte, einen Brief. Darin bat er mich, ich solle doch gelegentlich, wenn ich in seiner Gegend sei, kurz bei ihm hereinschauen.

Es war in seiner Gegend noch ein Termin offen und so traf ich schon am nächsten Tag bei ihm ein. Er erklärte mir, dass ihm meine Anweisungen sehr geholfen haben und er sich nun dafür nochmals bedanken möchte. Er drückte mir zwei Hunderter in die Hand, die ich dankbar entgegennahm und damit am andern Tag meinen Mietzins bezahlte. Die restlichen fünfzig Franken betrachtete ich als grosszügiges Startgeld in den neuen Monat.

Ein erfolgreicher Gast- und Landwirt, der sich gerne ab und zu bei seinen Gästen einen unangebrachten Spass erlaubte, setzte sich an meinen Tisch und wollte mich herausfordern:
»Wie ich gehört habe, bist du ein Lebensberater, der den Menschen in allen Situationen helfen kann!«
»Ich versuche zu helfen«, ergänzte ich.
»Nun, ich habe momentan ein grosses Problem. Ich habe gestern meine Wiese gemäht. Das Heu ist morgen Mittag dürr, doch ich habe keinen einzigen Helfer gefunden, der

mich dabei unterstützt, das Heu rechtzeitig trocken in die Scheune zu bringen. Denn das Radio hat für den Nachmittag Regen angesagt. Da dachte ich, dass der Lebensberater vielleicht mein Problem lösen könnte.«

»Dein grösstes Problem ist, dass du die falschen Personen um Hilfe gebeten hast. Hättest du mich gefragt, so wäre dein Problem längst gelöst«, antwortete ich.

Diese Antwort hatte der Gast- und Landwirt von mir nicht erwartet. Das verriet sein Gesichtsausdruck ganz deutlich.

»Wärest du denn fähig, mit einer Heugabel und einem Rechen umzugehen?« Als er diese Frage stellte, schaute er mich musternd an.

»Warum sollte ich nicht fähig sein? Ich bin in einer Bauernfamilie aufgewachsen«, machte ich ihm klar.

»Natürlich, du kommst ja aus den Innerschweizer Bergen. Also, morgen Mittag zwölf Uhr erwarte ich dich hier.«

»Abgemacht, du kannst auf mich zählen«, versicherte ich ihm.

Glücklicherweise hatte ich am nächsten Tag keinen Gesprächstermin abgemacht, so dass ich mein Versprechen ungezwungen einlösen konnte.

Kurz bevor die ersten Regentropfen fielen, bedankte sich mein Arbeitgeber bei mir. Das Heu war unter Dach. Angemessen entlohnte er mich für meinen Einsatz und lud mich noch in seinem Restaurant zum Abendessen ein.

Mit ähnlichen verblüffenden Ereignissen könnte ich noch viele Seiten in diesem Buch füllen. Solche positiven Erfahrungen bedeuteten für mich Erfolg und stärkten meinen Glauben an das Gute.

Wenn auch unendlich viele Menschen die Auffassung vertreten, erfolgreich zu sein beruhe vor allem auf finanziellem Reichtum, dass man sich alle materiellen Wünsche erfüllen kann und dadurch in der Öffentlichkeit eine angesehene Persönlichkeit ist; mich beeindruckte diese Lebensweise zum damaligen Zeitpunkt überhaupt nicht.

Für mich bedeutete erfolgreich sein vor allem: Allzeit im Glauben und einem unerschütterlichen Vertrauen auf Gottes wunderbare Führung und Fügung zu leben und zu wirken. Weitere erstrebenswerte Eigenschaften äusserten sich in meinen Wünschen nach:

Selbsterkenntnis und Weisheit

Vollkommener Gesundheit

Meine Talente und Fähigkeiten auszuleben

Kostbare Freundschaften zu pflegen

Eine romantische und erfüllte Liebesbeziehung mit einer liebevollen Frau.

An all diesen Wünschen und Zielen arbeitete ich Tag für Tag still und eifrig.

Der Wunsch nach einem erfüllten und romantischen Liebesleben stand mir einige Jahre im Mittelpunkt, dabei habe ich in dieser Phase Momente und Stunden höchster Glückseligkeit und Freude erlebt. Gespürt, wie sich in tiefer geistiger Verbundenheit mit meiner Partnerin mein Ich auflöste und zu einem gemeinsamen Wir sich verwandelte.

Wir lieben einander grenzenlos.

Wir verstehen uns, wie kaum ein anderes Paar.

Wir werden bald heiraten und eine Familie gründen.

Wir werden die besten Eltern sein.

Wir werden in guten und schlechten Zeiten füreinander da sein.

Doch auch die schmerzhaften Erfahrungen, die in einer Zweierbeziehung möglich sind, wurden mir zuteil. Die unstillbare Sehnsucht, für immer und ewig mit meiner Geliebten vereint zu sein. Das Erwachen der Eifersucht mit dem besitzergreifenden Anspruch, dass meine Geliebte nur mir allein gehört.

Dann, ohne jegliche Vorwarnung, so unerwartet ihre unfassbaren Worte: »Wir sollten unsere Beziehung beenden, denn meine Liebe zu dir reicht nicht aus für eine dauerhafte Beziehung.«

Gleichzeitig ihren starren, fragenden Blick auf mich gerichtet, als möchte sie sofort wissen, was ich von ihrer Botschaft halte.

Ich fühlte mich in meinem Stolz verletzt. Kühn und furchtlos antwortete ich: »Weil ich dich liebe, gebe ich dich frei, wie schwer denn auch immer der Abschied nun sei.«

Ja, ich habe das Phänomen, das man verliebt sein nennt, wie zahllose andere Menschen bis auf den Grund durchlebt und durchlitten und bin dabei innerlich reifer und erwachsener geworden. Reif zum wirklich lieben, nicht nur verliebt sein.

Der unerschütterliche Glaube an Gottes wunderbare Führung und Fügung in meiner finanziellen Versorgung bewährte sich ungefähr drei Jahre lang. Ausnahmslos wurde mir immer alles zuteil, was ich für mein Leben brauchte.

Dann wurde ein anderes Auto fällig. Weil ich in der Vergangenheit immer Ärger mit Occasionswagen hatte, entschied ich mich für einen Neuwagen im Leasing.

Von allem Anfang an zweifelte ich daran, ob meine verlässliche Versorgungsquelle auch diesen zusätzlichen, monatlichen Betrag verkraften werde.

Und wie ich befürchtet hatte, geschah es auch. Meine bis anhin zuverlässige Versorgungsquelle versagte. Die Schuld an diesem Misserfolg lag wohl bei mir selber. Mein zaghaftes, geringes Vertrauen und meine Zweifel brachten mich zu Fall. Die Folge davon war, dass ich zeitweise Geld leihen musste, um meinen Verpflichtungen rechtzeitig nachzukommen. Das war zwar kein Problem, doch es belastete mich und nagte an meinem Selbstwertgefühl.

Das war ein unhaltbarer Zustand, der mich bewegte, nach einer zusätzlichen Einkommensquelle Ausschau zu halten. Eine Tätigkeit, die mich an meiner Aufgabe als Lebensberater nicht hindern würde.

Mein Hausmeister besass neben meiner Wohnung eine kleine Schreinerwerkstatt mit den wichtigsten notwendigen Maschinen. Da erklärte ich ihm, dass ich vorhatte, neben meinen Beratungen noch Schreinerreparaturen auszuführen und somit eine kleine Werkstatt benötige. Augenblicklich gab er mir die Zusage, dass mir seine Werkstatt ab sofort zur Verfügung stehe, wenn ich darauf angewiesen sei.

Noch am selben Abend gab ich ein bescheidenes Inserat im Ortsanzeiger auf, in dem ich meine Dienstleistungen anbot. Am Tag nachdem die Zeitung in der Gemeinde ausgetragen worden war, klingelte morgens um sieben mein Telefon. Es meldete sich die Inhaberin eines Hotels. Sie nahm Bezug auf mein Inserat im Anzeiger und wollte sich erkundigen, ob es mir schon heute möglich wäre, eine Reparatur in einem ihrer Gästezimmer auszuführen. Einige Deckenplatten haben sich gelöst und das Zimmer sei heute ausnahmsweise den ganzen Tag frei.

Ohne lange zu zögern, sagte ich ihrem Wunsch zu und erledigte die Aufgabe noch am selben Tag.

Weitere Aufträge folgten bald: Fensterscheiben ersetzen, Stühle flicken, ein Spinnrad restaurieren, ein Grabkreuz auffrischen.

Ich war bald mit Aufträgen voll ausgelastet und konnte jede freie Minute, die mir neben den Beratungen und Vorträgen zur Verfügung stand, zu Geld machen. In einigen Monaten war mein finanzielles Problem geregelt.

Aufbruch zu neuen Erkenntnissen

Nach gut dreijähriger Tätigkeit als Lebensberater nahm ich mir Zeit, um meine Erfahrungen zu analysieren und auszuwerten. Es stellte sich heraus, dass ich schon von Anfang an viel zu hohe Erwartungen an mich und meine Klienten stellte. Gerade bei schizophren* kranken Menschen verbesserte sich ihr Gesundheitszustand oft sehr langsam. Ich denke hier an eine Frau, die ich in diesem Bericht Marie nenne, die mir erklärte, dass sie regelmässig nach drei Monaten einen mindestens zwei Wochen langen Klinikaufenthalt nötig habe. Mein Ziel war es natürlich, in ihr, durch gezielte Gespräche, die Hoffnung zu wecken, dass sie in Zukunft überhaupt keine Klinikaufenthalte mehr nötig habe, wenn sie sich, nebst der medizinischen Betreuung, auch an meine Anweisungen halten würde. Von diesem Hoffnungsschimmer vollkommen überrascht antwortete sie:»Wenn es mir nur gelingen würde, dass ich das nächste Mal erst nach vier Monaten den Klinikaufent-

---

* **Schizophrenie:** Der Begriff umfasst eine Anzahl schwerer, weitverbreiteter Geisteskrankheiten. Dabei ist die paranoide Form mit Wahnvorstellungen, Verfolgungswahn und Halluzinationen das häufigste Krankheitsbild.

halt brauche, könnte ich sogar daran glauben, dass ich mit der Zeit, diese Aufenthalte nicht mehr nötig habe. Doch mein Arzt in der Klinik machte mir bis heute in dieser Hinsicht nicht die geringste Hoffnung.«

»Das bedaure ich. Wie soll ein Kranker denn die Kraft aufbringen, für seine Gesundheit zu kämpfen, wenn ihm sein Arzt im Voraus die letzte Hoffnung abspricht? Geben Sie mir die Erlaubnis, dass ich mich mit Ihrem Arzt über Ihren Krankheitszustand unterhalten darf?«

»Ja, das steht Ihnen frei, erwarten Sie aber nicht zu viel!«

Wir vereinbarten den nächsten Gesprächstermin. Doch in der Zwischenzeit nahm ich mit ihrem Klinikarzt Kontakt auf. Dieser bestätigte mir genau das, was ich von meiner Klientin Marie schon erfahren hatte.

Ein hoffnungsloser Fall sei das. Über ihre Krankheit dürfe er sich nicht äussern, doch er begrüsse es, dass sie einen Ansprechpartner gefunden habe. Es sei absolut nicht angebracht, dass ich mir nur die geringste Hoffnung auf eine Besserung ihres Gesundheitszustandes mache, im Gegenteil, mit dem Alter werde es möglicherweise noch schlimmer kommen.

Das waren für mich bedrückende Worte. Besonders, weil sie aus dem Munde eines Arztes kamen, dessen Aufgabe es ist, die Menschen aufzurichten.

In den folgenden Gesprächsstunden erzählte mir die schwer psychisch kranke Marie, die in einer Grossfamilie aufgewachsen war und selber Kinder im Schulalter hatte, über ihre Kindheit und Jugendzeit.

Leider bekam ich da wenig Erfreuliches zu hören. Ihr Vater war ein herrschsüchtiger und jähzorniger Mann. Wenn seine sechs Kinder zu viel Lärm machten und er seine Ruhe haben wollte, drohte er ihnen mit einer Bombe, die er im Keller versteckt habe und zünden werde, wenn sie nicht augenblicklich still sein würden.

Die Kinder suchten Schutz und Zuflucht bei ihrer Mutter. Doch auch sie glaubte halbwegs an die versteckte Bombe oder traute es wenigstens ihrem Mann zu, dass er zu einer solchen Tat durchaus fähig wäre. So wuchsen die Kinder in der Angst auf, dass ihr Vater sie doch plötzlich samt Haus in die Luft sprengen könnte, weil sie ihn durch ihren Lärm zu sehr geärgert hatten.

Die Vergebung ist in einer solchen Lage eine wirkungsvolle Medizin. Ich riet Marie, sie solle versuchen, ihrem Vater zu vergeben, damit sie sich von all den schmerzhaften Erlebnissen aus ihrer Kindheit befreien könne.

Weiter klärte ich Marie über das positive Denken und Sprechen auf. Sie zeigte sich sehr willig, ihren möglichen Beitrag zu ihrer Gesundung zu leisten.

Per Zufall schaute ich aus dem Fenster, als ich Marie zur Sprechstunde erwartete und sah, wie sie mit erhobenem Haupt und leichten Schrittes sich der Eingangstüre näherte.

»Ihnen geht es heute gut«, sprach ich sie an.

»Sogar sehr gut und ich habe allen Grund dafür. Denken Sie, die drei Monate sind vorbei und ich muss nicht in die Klinik. Jetzt bin ich sicher, dass alles gut wird.«

Zwei Jahre später erlitt Marie einen Rückfall und musste wieder in die psychiatrische Klinik eingeliefert werden. Es wurde für sie eine Schlafkur angeordnet. Nach zwei Wochen durfte sie wieder nach Hause. Sie fühlte sich erholt und war dankbar, dass ihr Hausarzt ihre Situation rechtzeitig erkannt hatte und die Einweisung veranlasst hatte.

Auch mir gegenüber äusserte sie sich positiv und wollte weiterhin regelmässig in die Gesprächsstunde kommen. Sie betrachtete ihren kurzen Klinikaufenthalt keineswegs als Misserfolg, sondern als eine unumgängliche Notwendigkeit, um wieder einmal richtig auszuspannen und neue Kraft zu schöpfen.

Wie ich eingangs des Berichtes erwähnte, erkannte ich erst viel später, als ich rückblickend anfing, verschiedene Krankheitsfälle zu analysieren, dass ich viel zu grosse Erwartungen an meine Klienten und an mich gestellt hatte. Doch ich habe diesen Fehler noch rechtzeitig erkannt und gab mir von nun an Mühe, mich über jeden kleinen Fortschritt zu freuen, den der Kranke auf seinem Heilungsweg machte.

Dass Marie, nachdem sie zu mir in die Sprechstunde kam, erst nach zwei Jahren wieder einen Rückfall erlitt, ordnete ich sogleich in meiner Auswertung, als einen bemerkenswerten Fortschritt ein. Sie selber sprach von einem nie erwarteten Ergebnis.

Auch weiterhin stellte ich klare Erwartungen an meine Klienten:

Die Bereitschaft für offene, ehrliche Gespräche.

Die Bereitschaft, nebst der medizinischen Betreuung auch Selbstverantwortung zu übernehmen und eigene Beihilfe für die Gesundheit zu leisten.

Die Schuld an ihrer Krankheit nicht auf ihre Mitmenschen abzuwälzen. Wenn es für sie so offensichtlich schien, dass andere ihr Schicksal verursacht haben, sollten sie versuchen, diesen anderen zu vergeben und einen Neuanfang mit Selbstbestimmung zu starten.

Die Bereitschaft, ihre Lebensgewohnheiten zu überprüfen und nötigenfalls zu korrigieren.

Nur ein kleiner Anteil der Rat und Hilfe suchenden psychisch kranken Personen zeigte sich ehrlich bemüht, diese Erwartungen zu erfüllen.

Der weitaus grössere Teil suchte zwar auch Hilfe, war jedoch nicht bereit, sich dafür anzustrengen und schon gar nicht, seine schädlichen Lebensgewohnheiten aufzugeben. Durch diese Feststellung kam ich zu der Erkenntnis, dass nicht jeder Mensch, der nach Hilfe schreit, die angebotene Hilfe auch annehmen kann oder will. Sonst wäre er auch bereit, die nötigen Voraussetzungen für einen erfolgreichen Ausgang seines Anliegens zu unterstützen.

Nach der Auswertung meiner Analyse entschied ich mich, meine Zeit und Energie vor allem in jenen Fällen verstärkt einzusetzen, wo Betroffene auch selber bereit waren, eine angemessene Leistung und Disziplin zum Wohle ihrer Gesundheit zu vollbringen.

Dieser Entschluss zeigte schon bald erfreuliche Resultate. Ich wurde in meinem Wirken erfolgreicher, und dies oft auch in schweren und hoffnungslosen Fällen.

Zeitlose Spuren durch den Wüstensand

Wenn mir auch meine Berufung als Helfer und Berater einen tiefen Lebenssinn verlieh, spürte ich doch nach fünf Jahren hin und wieder eine zermürbende Müdigkeit und Lustlosigkeit. Vermehrt wanderte ich dann in die freie Natur hinaus, durchstreifte den nahe liegende Wald und öffnete mein Bewusstsein für die heilsame Ruhe und die Kraft des Waldes. Gestärkt an Körper und auch in meinem Selbstbewusstsein kam ich nach diesen Aufenthalten im Wald jeweils nach Hause. Doch diese Kraft reichte gerade knapp für einen Tag aus, darauf kündigte sich die nächste Krise an.

Es war mir klar, dass ich alles versuchen sollte, damit diese problematischen Energiestörungen nicht zu einem Dauerzustand wurden.

Hoffnungsvoll nahm ich Zuflucht in die Meditation. Ich stellte bei Beginn die Frage: »Wo liegt die wahre Ursache meines Mangels an Energie und Kraft und was soll ich dagegen tun?«

In wenigen Minuten sah ich mich in der Wüste barfuss durch den fast knietiefen Sand einer Oase stapfen. Als wäre die Anstrengung nicht schon gross genug, stellte ich fest, dass ich ein schweres Holzkreuz auf meiner Schulter trug.

Kurzum sah ich nicht nur diese Bilder, ich spürte auch die Last des Kreuzes auf meiner Schulter. Ich spürte den heissen Sand zwischen meinen Zehen und an den Beinen.

Ich spürte die Hoffnungslosigkeit und erkannte, dass ich aus eigener Kraft die so nahe gelegene grüne Insel im Sandmeer ohne fremde Hilfe wohl nie erreichen würde. Ich spürte die heisse Sonne und hatte Durst, stellte zu meiner Enttäuschung fest, dass ich kein Getränk bei mir hatte. In meiner Ausweglosigkeit und Verzweiflung rief ich laut vor mich hin: »Warum, mein Gott, bei aller Not, muss ich noch dieses schwere Kreuz mit mir schleppen?«

Dann brach ich unter der Last des Kreuzes und der Kraftlosigkeit zusammen und blieb im Sand liegen.

»Wer sein Kreuz* geduldig trägt, ist mir besonders nahe. Er ist der Auferstehungskraft, die alles stets zum Guten wendet, besonders würdig«, antwortete eine freundliche Männerstimme, die mir bekannt vorkam. Gleichzeitig wurde ich von der Last meines Kreuzes befreit.

Ich erhob meinen Kopf aus dem Sand und erblickte vor mir zwei Füsse eines Menschen, die keinen Millimeter im Sand eingesunken waren und die verheilten Wundmale Jesus Christus trugen. Sofort bewegte ich mich auf die Knie, erkannte meinen Retter und rief voller Freude: »Jesus von Nazareth, ich danke dir.« Jesus streckte mir seine rechte Hand zum Aufstehen entgegen. Auch auf ihr war das verheilte Wundmal noch erkennbar.

Da fragte ich Jesus, was ich wohl falsch gemacht habe in meinem Leben, dass ich mich mit diesem schweren Kreuz so mühsam durch den Wüstensand kämpfen müsse.

---

* **Kreuz:** In diesem Zusammenhang: Bürde, Schicksal, Last

Er antwortete mir: »Auf deinen Wunsch hin, das Leben in aller Tiefe zu ergründen und unermüdlich für deine innere Freiheit zu kämpfen, hast du selber freiwillig diesen Weg gewählt. Du hast dich auf den Weg gemacht, um auf wichtige Lebensfragen eine klärende Antwort zu finden. Die Wüste ist ein Sinnbild für die Einsamkeit und die Besinnlichkeit. Du hast in diesem Leben, deiner Natur nach, einen eher seltenen Weg gewählt, um zur höheren Erkenntnis zu gelangen. Bald werden sich suchende Menschen für deinen Weg interessieren und versuchen, deinen Spuren zu folgen. Sie werden es leichter haben als du, die grüne Insel im grossen Sandmeer, wo jede Seele Ruhe, Frieden und Kraft findet, zu erreichen, weil jetzt der Weg durch deine Spuren gekennzeichnet ist.«

»Aber Jesus, wie sollte es möglich sein, meinen Spuren zu folgen, wo doch der Wind sie im Wüstensand schon in kurzer Zeit verwehen wird?«

Jesus lächelte und erwiderte: »Die Spuren, die du auf deinem Lebensweg der Menschheit hinterlassen wirst, sind tief in die Erde gepflanzt.

Sie wurden stets mit deinen Tränen der Freude und des Schmerzes begossen und dein inneres Sonnenlicht der Liebe und der Erkenntnis brachte sie zum Blühen. Wende dich um, schaue zurück, betrachte deine Spuren, dann wirst du verstehen, wovon ich spreche.«

Die Spuren im Sand waren noch gut sichtbar, doch zu meinem grossen Erstaunen waren auf beiden Seiten der Spuren entlang ungefähr zwei Meter hohe wilde Rosenstöcke gewachsen. Soweit mein Auge reichte, stand circa alle zehn Meter ein Stock mit herrlichen rosaroten Blüten.

Mein schweres Holzkreuz hatte Jesus, als er es mir abnahm,

auf den Sand gelegt. Nun ergriff er es und steckte es neben meine Spur tief in den Sand mit den Worten: »Möge es in Zukunft die vorbeikommenden Sucher daran erinnern, dass das Kreuz, in Betrachtung meines Lebens und Sterbens, in erster Linie ein Zeichen der grenzenlosen Liebe und der Erlösung ist. Nicht, wie viele gläubige Menschen annehmen, ein Ausdruck der Hilflosigkeit und des Leidens. Menschliche Leiden kommen und vergehen. Die Liebe, mit der das Kreuz durch meinen Tod geprägt wurde, wird ewig bleiben und wer in dieser Liebe lebt, befindet sich auf dem Erlösungsweg und spürt auch die Auferstehungskraft in sich.

Der aufrechte Balken des Kreuzes zeigt himmelwärts und steht für die geistige Natur des Menschen. Der horizontale Balken ist Sinnbild für den menschlichen Anteil, den materiellen sichtbaren Körper, mit all seinen Schwächen, irdischen Wünschen und Täuschungen. Deshalb wird der Mensch, solange er einen menschlichen Körper besitzt, auch leiden und irren. Vor allem, wenn er seinem Körper mehr Aufmerksamkeit schenkt, als seinem unsterblichen Geist und seiner Seele, die ein Bindeglied ist zwischen Körper und Geist.«

Jesus ergriff meine Hand mit den Worten: »Wir wollen jetzt zur grünen Insel schreiten, damit du dich erholen und stärken kannst.«

Überrascht stellte ich fest, dass auch ich nicht mehr im Sand einsank.

Auf dem Weg zur grünen Insel fragte ich Jesus: »Bist du immer noch in dieser Welt tätig?«

»Ja, das bin ich, und die Menschen, die mich ernsthaft suchen, werden mich finden.«

»Sprichst du zu mir als reines Geistwesen oder hast du deinen menschlichen Körper angenommen?«

»Ich habe den Tod überwunden und es steht mir jederzeit frei, mich als Geistwesen oder in einem menschlichen Körper zu zeigen. Du bewegst dich jetzt auf der Astralebene*, deshalb habe ich es vorgezogen, dir auf deiner befindlichen Ebene zu begegnen. Dein Körper liegt regungslos und wohlbehütet von Lichtwesen zuhause auf deinem Bett.«

»Jesus, es gibt unzählige aufrichtige Menschen, die dich verehren und zu dir beten. Warum sind es doch so wenige Auserwählte, die sich an eine solche Begegnung, wie sie jetzt unter uns stattfindet, erinnern können?«

»Ein grosser Teil dieser einfachen, ehrlichen Menschen, die ich so sehr liebe, fühlen sich zu Unrecht unwürdig, mir zu begegnen. In ihrer Angst und ihrem Misstrauen verschliessen sie die Türe ihres Herzens und ich finde keinen Zugang zu ihnen. Wieder andere sind ständig am Bitten und Betteln, dass ich ihre Wünsche bald erfüllen möge, doch sie hören nicht auf meine Botschaft, die für die Erfüllung ihres Anliegens Voraussetzung ist. Letztendlich gelingt es doch einer grossen Anzahl von Suchenden, die mit mir ein Gespräch führen, das ihnen im Leben vorwärts hilft und ihnen in Erinnerung bleibt. Leider wollen die meisten von ihnen nicht darüber reden. Sie haben Angst, sie könnten missverstanden oder sogar ausgelacht werden.«

---

* **Astralebene:** Bei diesem Begriff handelt es sich um einen Bereich, der den Menschen normalerweise verborgen bleibt. Erst im Schlaf, in der Meditation oder in Trance öffnet sich ihnen diese Welt des Unbewussten. Im Wesentlichen gleichen diese verborgene Welt und ihre Geschöpfe unserer realen Welt. Doch bewusste Wesen existieren dort nur in der Form von feinerer Energie und Schwingung.

Auf der grünen Insel im Sandmeer

Jesus führte mich auf der grünen Insel, an hohen Dattelpalmen, mir unbekannten Oasensträuchern und Pflanzen vorbei an eine Wasserquelle. Diese schleuderte das frische Wasser mit einem gewaltigen Druck aus der Erde einige Meter hoch in die Luft. Ein sauberer Steinbrunnen, der nahe neben der Quelle gebaut wurde, fing den grössten Teil des herabfallenden Wassers auf. Der Brunnen war voll bis zum Rand; das überschüssige Wasser floss am tiefsten Punkt des Brunnens über den Rand und bildete zusammen mit dem Quellwasser, das nicht vom Brunnen aufgefangen wurde, ein zierliches Bächlein, das sich ins umstehende Gebüsch schlängelte.

»Siehe, mein Freund, an diesem Brunnen kann jeder Durstige jederzeit sein Bedürfnis stillen. Der Brunnen wird stets wieder mit dem kostbaren Wasser, das der Quelle entspringt, gefüllt«, erklärte mir Jesus und forderte mich auf, meinen Durst zu löschen. Augenblicklich tauchte ich mein Gesicht in den Brunnen und trank begierig von dem erfrischenden Quellwasser, bis die Zeit mich drängte, nach Luft zu schnappen, um zu atmen.

Anschliessend ging Jesus, ohne dass ich ihn aufforderte, auf meine Fragen ein, die ich beim Einstieg in die Meditation gestellt hatte.

»Wo liegt die wahre Ursache meines Mangels an Energie und Kraft und was soll ich dagegen tun?«

Jesus erklärte mir: »In Gottes Gegenwart offenbart sich stets Überfluss. Dem Prinzip nach besteht kein wesentlicher Unterschied, ob es sich beim Menschen um die Versorgung mit Wasser oder seiner nötigen Lebenskraft handelt. Beim Wasser ist die Quelle und nicht der Brunnen der grosszügige Spender. Geht es um die Versorgung mit Lebenskraft, so ist es allein die göttliche Kraft, die unsichtbar im überreichen Mass durch das ganze Universum fliesst und die ganze Natur wie auch die Menschen belebt und am Leben erhält. Gott ist die Quelle aller Kraft. Der Mensch ist in diesem Zusammenhang gesehen der Brunnen, in dem der göttliche Kraftstrom fliesst und gespeichert wird. Solange der Mensch sich dieser Tatsache bewusst ist, dass nicht er, sondern sein Schöpfer der Urheber dieses mächtigen Kraftstromes ist, bemüht er sich, sich an ihn zu wenden und vertraut auf seinen nie versiegenden Überfluss.«

»Jesus, wo liegt denn die Ursache, dass es mir in letzter Zeit so oft an Lebensenergie mangelt, obwohl ich mich ständig bemühe, in Gottes Gegenwart zu leben?«, wollte ich wissen.

Jesus wies auf den Brunnen mit den Worten: »Dieser Brunnen soll dir als Symbol für deine Frage dienen. Siehe, er ist stets voll bis zum Rand an erfrischendem Quellwasser. An deinem Brunnen der Lebensenergie haben sich in letzter Zeit so viele nach Gesundheit dürstende Menschen satt getrunken, dass er leer geworden ist und etwas Zeit braucht, um sich wieder zu füllen. Bleibe auf der grünen Insel im grossen Sandmeer, bis sich dein Lebensbrunnen mit neuer Lebenskraft und Energie gefüllt hat. Wenn das geschehen ist, wirst du wieder verstärkt den Wunsch in dir fühlen, deinen leidenden Mitmenschen zu dienen.«

Kaum hatte Jesus seine letzten Worte gesprochen, ergriff mich eine grosse Sehnsucht, ein unstillbares Verlangen nach einer Begegnung und einem Gespräch mit meinen mir anvertrauten Klienten.
»Ja, wie mag es ihnen wohl allen gehen?«

Der jungen Frau, die vor einigen Monaten einen Nervenzusammenbruch erlitt, weil sie auf Wunsch ihres Vaters und der Familienehre ihre Liebesbeziehung mit ihrem protestantischen Freund beendet hatte. Sie war streng katholisch erzogen worden und der Vater war von allem Anfang an gegen diese Beziehung.

Der zwölfjährigen Schülerin, die mich vor einigen Tagen aufsuchte, weil sie von Selbstmordgedanken verfolgt wurde. Sie wuchs in einem zerrütteten Familienverhältnis auf, wo Streit an der Tagesordnung war.

Und schafft es der ehrgeizige Buchhalter doch endlich noch, sich einen Fehler zu vergeben?

Wird die Witwe, die in einem Wutausbruch fast ihren fünfjährigen Sohn im Brunnentrog ertränkt hat, einsehen, dass so was nie wieder passieren darf?

Gross war mein Wunsch, für jeden Einzelnen von ihnen die richtigen Worte zu finden: Worte, die berühren. Worte, die die Kraft in sich tragen, Zustände zu verändern und den Glauben an das Gute im Menschen kräftigen.

Eine treibende, nicht mehr aufhaltende Kraft gebar in mir den Wunsch, wieder meinen Platz im täglichen Leben einzunehmen und mit meinen Fähigkeiten der Menschheit zu dienen.

Dieses Bedürfnis war so ausgeprägt wie schon lange nicht mehr und ich teilte es Jesus mit.

Jesus entgegnete:»Ja, dein Lebensbrunnen ist nun wieder voll mit heilender Energie und befreiender Lebenskraft. Wie in der heiligen Schrift über mich niedergeschrieben wurde, bedurfte auch ich in meinem öffentlichen Leben oft des Rückzugs in die Stille auf einen Berg und in die Einsamkeit der Wüste. Wenn es nötig sein sollte, so kannst du in Zukunft jederzeit ohne Anstrengung die grüne Insel im grossen Sandmeer aufsuchen, um neue Kraft zu schöpfen. Der Weg ist ja gekennzeichnet durch die ewig blühenden Rosenstöcke. Dein schweres Kreuz lastet nicht mehr auf dir. Es dient in Zukunft einem anderen Zweck. Somit wirst du auch nicht mehr im Sand einsinken.«

Ehrfürchtig dankte ich Jesus für diese geistige Begegnung und für alles Gute, was er bis zur Stunde für mich, meine Lieben und die ganze Menschheit getan hatte.

Er segnete mich mit den Worten:»Friede sei mit dir mein lieber Freund. Nun scheint das Licht wieder im Dunkel der Welt. Die Nacht hat es nicht ausgelöscht.«

Als er diese Worte aussprach, löste sich sein Astralkörper in Licht auf. Für einen Augenblick stand ich fassungslos mitten in diesem blendenden weissen Licht; dann hörte ich mich leise atmen. Vorsichtig fing ich an, meinen Körper zu bewegen. Sofort erinnerte ich mich an das vorgefallene Erlebnis auf der Astralebene.

Vom Segen der Meditation im Alltag

Der Segen von diesem höchstens zwanzig Minuten dauernden Meditationserlebnis wirkte sich noch viele Wochen lang wohltuend in meinem Alltagsleben aus. In der Gewissheit und der Überzeugung, dass die nie versiegende, göttliche Energie und der Kraftstrom ständig durch das ganze Universum fliessen, begannen meine früheren Ängste kraftlos oder krank zu werden, immer mehr an Bedeutung zu verlieren. Bald erkannte ich, dass ich über viele Jahre hindurch eine falsche Einstellung in Bezug auf meine inneren Kräfte gepflegt hatte. Ständig bemühte ich mich, regelmässig Übungen und Rituale auszuführen, um bei vollen Kräften zu bleiben. Bis Jesus mir in der Meditation auf der grünen Insel im grossen Sandmeer durch das Beispiel vom vollen und leeren Brunnen beibrachte, auf was es in Wirklichkeit ankommt:

1. Die Gewissheit, dass im Universum genügend Kraft für mich und die ganze Menschheit vorhanden ist.

2. Indem ich mich an den Schöpfer wende, mich dieser Kraft öffne und sie dankbar aufnehme.

3. Dass ich in anspruchsvollen Zeiten rechtzeitig die Stille aufsuche, damit mein Brunnen der Lebenskraft und Energie sich wieder füllen kann.

4. Dass ich grosszügig mein Wissen um die Energie- und Kraftversorgung des Menschen an alle Bedürftigen weitergebe. In Notfällen es gestatte, dass auch andere durstige Mitmenschen an meinem Brunnen der Lebenskraft vorübergehend ihren Durst löschen.*

---

* **Meine Deutung und Anwendung der empfangenen Bilder**
1. Der Brunnen war bis zum Rande voll mit Wasser. Aus dem überschüssigen Wasser bildete sich ein Bächlein.
   Sinnbild für Überfluss.
2. Weil der Brunnen nahe an der Quelle stand, wurde der grösste Teil des Wassers aufgefangen.
   Je näher bei Gott, desto spürbarer ist seine Kraft.
3. Symbolisch gesehen: an einem leeren Brunnen kann niemand seinen Durst löschen. Es brauchte seine Zeit, bis sich mein Brunnen der Energie und Lebenskraft wieder gefüllt hatte.
   Durch die Kraft und Gegenwart von Jesus von Nazareth wurde dieser Vorgang meiner Ansicht nach beschleunigt.
4. Bei allen guten Absichten, Bedürftige niemals von meiner persönlichen Lebenskraft abhängig zu machen, sondern ihnen dazu verhelfen, den Anschluss an den göttlichen Kraftstrom zu finden.
   Um den göttlichen Kraftstrom zu finden und zu spüren, bedarf der Mensch der Erkenntnis und der Erfahrung, dass ein solcher Kraftstrom in der Schöpfung wirklich vorhanden ist.
   Es stehen jedem Suchenden viele Möglichkeiten offen, mit diesem Kraftstrom in Verbindung zu treten, zum Beispiel: Gebet, Meditation, Yoga, Achtsamkeit, harmonische Musik, Beobachtungen der Gesetzmässigkeiten in der Natur usw. Über den göttlichen Kraftstrom fliesst jedem Menschen die entsprechende Hilfe zu, die er am nötigsten braucht, sei es, um gesund zu werden oder die Erkenntnis, um geistig vorwärts zu kommen.

Mit neuem Elan erledigte ich meine täglichen Aufgaben. Um auch in der Nacht für Hilfsbedürftige erreichbar zu sein, stellte ich mein Telefon neben das Bett.

Es kam höchst selten vor, dass mich nachts jemand anrief, aber allein schon die Gewissheit, dass ich im Notfall auch nachts für ein Gespräch bereit war, wirkte sich beruhigend auf meine Klienten aus.

Die Zimmer in der Erholungspension waren dauernd bis auf den letzten Platz besetzt. Es wurden Gespräche geführt, ob es sinnvoll wäre, einen zusätzlichen Neubau zu errichten, was nach einigen Jahren auch ausgeführt wurde.

Obwohl inzwischen die Inhaberin in den Ruhestand getreten war und ein anderes Familienmitglied die Pension führte, erteilte ich regelmässig jede Woche einen Abend Gesundheitsturnen und Meditation im Haus.

Auch meine zusätzliche Beschäftigung als Kundenschreiner war sehr gefragt und sicherte mir weiterhin meine Finanzen ab.

Eigentlich spielte sich mein Alltagsleben geordnet und erfolgreich ab; mindestens von aussen betrachtet. Innerlich sehnte ich mich öfters als früher nach einer lieben Frau, die bereit war, mit mir eine Familie zu gründen.

Umsonst hielt ich täglich nach einer geeigneten Partnerin Ausschau. Hoffnungsvoll vertraute ich in der Meditation mein Anliegen der göttlichen Führung und Fügung an.

Zur gleichen Zeit beschäftigte mich ein bisher unbekannter Wunsch, meine sechsjährige Tätigkeit als Lebensberater zu beenden und wieder über einige Jahre hindurch als einfacher Möbelschreiner, im Angestelltenverhältnis, mit geregelter Arbeitszeit tätig zu sein.

Auch dieses Vorhaben vertraute ich in der Meditation vollumfänglich der göttlichen Führung und Fügung an. In der Überzeugung, dass ich zur rechten Zeit das Richtige tun werde.

In der näheren Umgebung meines Wohnortes bestand keine Nachfrage nach einem solchen Fachmann. So entschied ich mich, wenn es nötig sein sollte, auch das Berner Oberland zu verlassen.

Weil ich noch liebe Bekannte in der Westschweiz hatte, suchte ich durch das Telefonbuch in ihrer näheren Umgebung eine Stelle, um mich zu vergewissern, wie gross die Nachfrage zu dieser Zeit noch bestand, mein Vorhaben umzusetzen.

Mein erster Anruf erwies sich als ein Volltreffer. Der Inhaber des Betriebes bat mich um ein möglichst baldiges Vorstellungsgespräch, das schon nach einigen Tagen stattfand.

Gleichzeitig legte er mir den schon vorbereiteten Arbeitsvertrag zum Unterzeichnen vor und gab mir eine Adresse, wo ein Zimmer zum Mieten frei war.

Ohne zu zögern unterzeichnete ich sofort den Arbeitsvertrag und mietete das angebotene Zimmer. Einige Tage später, am 2. Oktober 1972, nahm ich meine Tätigkeit als Angestellter wieder auf.

Meine Wohnung im Berner Oberland benutzte ich noch fast ein Jahr zusätzlich für den Aufenthalt am Wochenende. An freien Samstagen erledigte ich noch die schon angenommenen Schreiner-Aufträge. Ich erteilte weiterhin in der Pension Meditation und Gesundheitsturnen. Die bei meinen Klienten nötigen Gesprächstermine führte ich weiter, bis ich überzeugt war, dass ich für alle Betroffenen das Bestmöglichste getan hatte.

Ein ganz neues Lebensgefühl erfüllte mich in meiner Tätigkeit als Handwerker. Den ganzen Arbeitstag hatte ich angenehme, hilfsbereite Mitarbeiter um mich und einen Chef, der meine Leistung schätzte, sowie eine geregelte Arbeitszeit mit einer angemessenen Mittagspause. In dieser Mittagspause geschah schon nach einigen Monaten das Wunderbare, nach dem ich mich so lange gesehnt hatte; ich lernte dort meine zukünftige Frau kennen. Sie leitete den Betrieb, wo ich jeden Tag mein Mittagsmahl einnahm.

Trotz der vielen neuen Eindrücke, die ich zu bewältigen hatte, standen mein Bedürfnis nach Meditation und der Wunsch, die Geheimnisse des Lebens zu ergründen, immer noch im Vordergrund.

Mehrmals in der Woche zog es mich am Abend hinaus in die freie Natur, auf einen Hügel, an den See oder ich wanderte stundenlang in Gedanken versunken am Fluss entlang. Wie bei meinen früheren Aufenthalten im Wald kam ich auch hier jedes Mal gestärkt und mit einem klaren Kopf in mein bescheidenes Zimmer zurück.

Die Hatha-Yoga Übungen führte ich nicht mehr täglich aus. Vielmehr bemühte ich mich, wie schon Jahre zuvor, Herr über meine Gedanken zu werden. Ich übte mich wieder darin, über wenige Minuten an gar nichts zu denken. Später gelang es mir durch Konzentration, über eine längere Zeit nur noch an eine bestimmte Sache zu denken, ohne dabei Nebengedanken aufkommen zu lassen.

Diese zwei Konzentrationsübungen wirkten sich bei mir sehr hilfreich für den Einstieg in die Meditation aus. Sobald ich es schaffte, mich von allen Alltagsereignissen und Gedanken zu lösen, pendelte ich ohne Anstrengung auf einer anderen Bewusstseinsebene ein. Auf dieser Ebene liess ich dem Geschehen freien Lauf.

Oftmals wanderte ich dann durch die Wüste zwischen den blühenden Rosenstöcken, ohne im Sand einzusinken, zur grünen Insel im grossen Sandmeer. Beim grossen Holzkreuz, das ich einst getragen hatte, blieb ich immer eine Weile stehen und erinnerte mich dabei dankbar an mein erstes Erlebnis und die Begegnung mit Jesus von Nazareth auf der grünen Insel im grossen Sandmeer.

Sobald ich mich dem Brunnen mit dem erfrischenden Quellwasser näherte, erkannte ich, ob er bis zum Überfliessen voll war. War der Brunnen bis zum Rand voll, wusste ich, dass ich über gewaltige Energie und Kraftreserven verfügte. War er fast oder ganz leer, deutete es darauf hin, dass ich wohl in letzter Zeit zu wenig nahe an der Quelle (Nähe Gottes) mich aufhielt.

Wenn der Brunnen leer war, löschte ich meinen Durst am Bächlein, das sich aus dem vom Brunnen nicht aufgefangenen Wasser bildete und ruhte mich in der Meditation solange auf der grünen Insel aus, bis der Brunnen mindestens zur Hälfte voll war.

Alle Aufenthalte, die ich in der Meditation auf der grünen Insel im grossen Sandmeer erlebte, wirkten sich in meinem täglichen Leben in jeder Hinsicht äusserst positiv aus.

Auf dem Weg zur Weissen Bruderschaft

Zum Ausklang dieses Buches möchte ich Ihnen, geschätzte Leserin, geschätzter Leser, eine Meditationsgeschichte erzählen, die mich heute noch immer wieder tief berührt und in ihren Bann zieht.

Die Ereignisse spielten sich in diesem Meditationserlebnis so intensiv und überwältigend ab, dass ich mich während des Ablaufes der Geschichte keinen Augenblick daran erinnerte, dass ich mich in der Meditation befand.

Ich sah mich auf einem mit Moos und Gras bewachsenen Berggipfel. Der Platz war gerade gross genug, dass ich mich sorglos in alle Richtungen etwa zehn Schritte bewegen konnte, ohne in die Tiefe zu stürzen. In der Mitte des kleinen Platzes stand ein aus Rundholz hergestelltes lateinisches Kreuz*, wie es vor allem in katholischen Gebieten oft auf Bergeshöhen anzutreffen ist. In östlicher Richtung führte eine ungefähr zweihundert Meter lange Krete auf eine fuss-

---

* **Christliches lateinisches Kreuz:** (Kreuz des Christentums) Der horizontale Balken ist kürzer und nach oben verschoben. Das Kreuz gilt seit dem Konzil von Ephesos 431 n. Chr. offiziell als Zeichen.

ballplatzgrosse Ebene. Auf dieser Ebene befand sich, ganz nahe an den steilen Berghang gebaut, eine aus Stein gebaute Gaststätte.

Warum und wie ich diesen Gipfel bezwungen hatte, auf dem ich mich gerade nach allen Seiten umschaute, interessierte mich nicht im Geringsten. Ich fühlte mich dem Himmel so nahe, unendlich frei und tief verbunden mit Gott und seiner Schöpfung.

Die sinkende Sonne vergoldete für kurze Zeit den östlichen Berghang mit den schroffen Felsspitzen und kündigte damit die Nacht an. Bald schon leuchteten der Mond und unzählige Sterne am dunkelblauen Firmament.

Aufmerksam beobachtete ich die glanzvolle, funkelnde, sich dauernd verändernde Sternenlandschaft. Wie die nächtlich sichtbaren Gestirne mit unfehlbarer Genauigkeit ihre vorbestimmten Bahnen zogen.

»Oh, du gewaltiger, unfassbarer Schöpfer des Weltalls, aller Gestirne und aller Kreaturen, mit Recht nennen wir Menschen dich den Allerhöchsten. Mit Recht bewundern und lobpreisen wir dich und verherrlichen deinen Namen.

Von Anbeginn hast du uns Menschen in deinem Schöpfungsplan miteingeschlossen. Wir sind Teil deines unergründlichen Werkes. Du, Herr aller Welten, festige in uns die Erkenntnis, dass du uns Menschen nach deinem Bilde erschaffen hast, dann lösen sich alle Zweifel in uns auf und wir begegnen dir von Angesicht zu Angesicht. Du bist der Vater, wir deine Kinder.«

Nach dieser von selbst folgenden Gedankenassoziation schwebte ich frei wie ein Vogel im unbegrenzten Raum. Weder nach oben noch nach unten und in keiner Himmelsrichtung zeigte sich ein Hindernis, das mich einengen könnte.

Es war ein erhabener Zustand, den ich die vollkommene Freiheit nennen möchte. Frei sein auch in Gedanken. Kein Ziel verfolgen. Keine Fragen stellen über das Wie und Warum, über die Vergangenheit oder Zukunft. Einfach sein und geschehen lassen, was sich im Augenblick abspielt. In diesem Zustand der unbegrenzten Freiheit rief ich laut aus:»Ja, lieber Mond und ihr lieben Sterne, ich fühle mich unendlich frei und glückselig in eurer Nähe. Tief in meinem Herzen fühle ich, dass wir uns nicht fremd sind, dass uns etwas Gemeinsames verbindet. Das Gemeinsame hat seinen Ursprung wohl darin, dass uns der eine und derselbe Schöpfer ins Leben gerufen hat. Oh, lasst mich bitte mit euch ziehen durch die grenzenlosen Weiten des Weltalls.«

Es folgten Bilder, Töne und Gefühlsempfindungen, die ich nur annähernd zu beschreiben vermag. Wundervolle Klänge und Geräusche, die sich durch die Bewegungen der Gestirne auslösen und sich in einer harmonischen, tiefgreifenden Symphonie vereinten, berieselten mein Bewusstsein.

In einem solch erhobenen Bewusstseinszustand wird die Zeit zur Nebensächlichkeit. Doch als ich mich wieder auf dem Berggipfel befand und in tief erfüllter Sehnsucht zu den erhabenen Gefilden im grossen Sternenmeer aufschaute, erinnerte ich mich, dass ich in der vergangenen Nacht lange, lange Zeit im Sternenreich verbracht hatte.

Mit ihnen bin ich durch die endlosen Weiten des Weltalls gezogen, begleitet von der erhebenden Sphärenmusik und der dominierenden Wahrnehmung, ich selbst sei zu einem Gefährten ihrer Gattung geworden.

Erfüllt von einem übermächtigen Gefühl der Dankbarkeit und der Freude, dass mir dieses Erlebnis zufloss, bemerkte ich in der Morgendämmerung, wie eine wunderschöne rote

Rose um den runden, aufrechten Stamm des Kreuzes rankte. Die fast geöffnete Knospe in ihrer lieblichen Schönheit leuchtete mir mild und freundlich entgegen. Erst als mich jemand an meiner rechten Schulter berührte, gelang es mir, meinen Blick von ihr zu wenden.

Neben mir stand eine junge, strahlend schöne, zierliche Frau mit asiatischen Gesichtszügen. Sie trug ein weisses, kurzärmeliges Kleid, das ihr bis über die Knie reichte und traditionelle, dunkle chinesische Schuhe mit Blumenstickerei.

In der Morgendämmerung erinnerte mich ihr Wesen an eine einfühlsame, gütige Märchenfee, deren Körper fast durchsichtig schien, mehr aus Licht, als aus menschlicher Substanz bestand.

Mit bewegter, vertrauensvoller Stimme sprach sie mich an: »Du unverstandener Christ, du einsamer Rosenkreuzer, du mächtiger Yogi, ich heisse Nada und ich bin eine Botschafterin der weissen Bruderschaft. Die Weisse Bruderschaft beobachtet deinen Lebensweg seit deiner Kindheit mit grosser Aufmerksamkeit. Meine geistigen Brüder und Schwestern nennen dich Franziskus. Wenn du einverstanden bist, spreche ich dich auch so an.«

»Ich bin gerne einverstanden, doch du kannst mich natürlich auch Franz nennen, wenn das besser für dich klingt.«

»Danke, ich bin der Meinung, dass der Name Franziskus ausgezeichnet zu dir passt. Franziskus, als du noch ein Knabe warst, schautest du einst im Winter auf einer schneebedeckten Wiese verträumt zum Sternenhimmel auf. Du liessest dich von den strahlenden glänzenden Lichtlein, wie du sie nanntest, hingebungsvoll verzaubern. Im Geheimen pflegtest du den Wunsch, dass du sie von näher kennen lernen möchtest, weil sie dir so schön deinen Heimweg erhellten. Damals stand ich in meinem für dich unsichtbaren Astralkörper neben dir und wir redeten miteinander. Erinnerst du dich noch an dieses Geschehnis?«

»Ich erinnere mich sehr gut an diesen Abend. Jahre später habe ich oft darüber nachgedacht, wer wohl die für mich unsichtbare Sprecherin gewesen sein könnte. Gleich, als du vorhin begonnen hast, mit mir zu sprechen, kam mir deine Stimme vertraut vor. Ich wusste sofort, dieser Frau bin ich irgendwann schon einmal irgendwo begegnet.«

»Franziskus, in der vergangenen Nacht ist dir dein Kindheitswunsch in Erfüllung gegangen. Deine Seele schaffte es, mit dem Astralkörper die Erde zu verlassen und schwang sich, von der Sehnsucht getrieben, hoch in das unermessliche Reich der Sternenwelt hinauf. Doch ich habe dich aufgesucht, weil heute ein grosses Treffen der Brüder und Schwestern der Weissen Bruderschaft drüben auf dem Platz am Berghang stattfindet. Zahlreiche Anwesende haben von unseren älteren Brüdern und Schwestern Erstaunliches über dein Leben als unermüdlichen geistigen Sucher und Kämpfer erfahren und möchten dich gerne kennen lernen.«

Während Nada noch redete, erblickte ich in der Morgendämmerung, drüben neben der Gaststätte, einen goldgelben Lichtkranz, der sich nach oben zu einem kreisförmigen Strahl verdichtete und himmelwärts, hoch über die höchsten sichtbaren Berggipfel aufstieg. Ähnlich wie bei einem Feuerwerk bildete sich am Ende des Strahles eine kleine Sonne, welche die goldgelben Strahlen tausendfach zur Erde sandte.

Nada musste wohl bemerkt haben, dass ich ihr nicht mehr aufmerksam zuhörte. Augenblicklich wendete sie das Thema mit den Worten:»Siehe da drüben die Brüder und

Schwestern der Weissen Bruderschaft, die gestern schon angekommen sind und in der Gaststätte geschlafen haben, verrichten ihre Morgenmeditation. Sie haben sich zu einem Kreis versammelt und strahlen das göttliche, goldgelbe Licht der Liebe, Weisheit und Erleuchtung über die ganze Menschheit aus. Wenn du möchtest, so führe ich dich, sobald es richtig Tag geworden ist, über den Grat zu den Töchtern und Söhnen des Lichtes hinüber.«

»Gerne, Nada, du würdest mir damit eine grosse Freude bereiten.«

Nada schritt vor das Kreuz und hielt für kurze Zeit ihre rechte Handfläche vor die immer noch leuchtende Rosenblüte, dann wendete sie sich mir zu. Sie hielt die Rose in der rechten Hand und überreichte sie mir mit den Worten: »Die Rose ist ein Symbol der Liebe, der Schönheit und der Freude. Sie besitzt auch die verborgene Kraft, zu beschützen. Denn da, wo viel Liebe und Freude vorhanden ist, ist auch Gottes Schutz gegenwärtig. Diesen göttlichen Schutz hast du heute besonders nötig, wenn wir über den Grat zwischen der materiellen und geistigen Ebene, zu den Brüdern und Schwestern der Weissen Bruderschaft wandern.«

Die Gratwanderung zwischen der materiellen und der geistigen Ebene

Ehe wir uns auf den Weg über den Grat machten, forderte mich Nada auf, ich möge doch die Rose vor mein Herz halten und sie in Gedanken in meinem Herzen aufnehmen, damit sie mich auf der Wanderung über den Grat nicht ablenke. Der Grat sei an einer Stelle so schmal, dass nicht genug Platz für beide Füsse nebeneinander vorhanden sei. Man dürfe an dieser Stelle keinen Augenblick anhalten, sondern müsse dauernd Fuss vor Fuss setzen. Dieser etwa zwanzig Schritt lange Pfad werde von den Eingeweihten der Pfad der Prüfung zwischen der materiellen und geistigen Ebene genannt.

Wie mir Nada empfohlen hatte, hielt ich die Rose an meine Herzgegend, betrachtete sie kurz, schloss für einen Augenblick die Augen und wünschte, sie möge für ewig und immer in meinem Herzen weiter blühen. Als ich die Augen wieder öffnete, war sie verschwunden. Nada erklärte mir: »Dein Wunsch wird in Erfüllung gehen. Die Knospe der Rose wird sich noch ganz öffnen und sie wird so lange in dir blühen, wie dein Herz voll Liebe zu dir und deinen Mitmenschen ist. Nun können wir furchtlos den Grat überqueren.«

Anfangs war der Grat noch so breit, dass wir problemlos nebeneinander laufen konnten. Weil mir damals die Weisse Bruderschaft kaum dem Namen nach bekannt war, fragte ich Nada:»Welches ist der wichtigste Aspekt der Weissen Bruderschaft und wer darf in dieser Organisation Mitglied werden?«

Nada antwortete:»Die Weisse Bruderschaft hat sich zur Aufgabe gemacht, einen Beitrag für den Frieden unter den Menschen und Völkern zu leisten. Wo immer ein Mensch sich bemüht, Frieden in sich selbst, in seiner nächsten Umgebung oder weltweit zu schaffen, unterstützt er unser Werk und ist Teil der Weissen Bruderschaft. Wohl befinden sich in unserer Gemeinschaft geistig aufgestiegene Meisterinnen und Meister, die fähig sind, die heutigen Geschehnisse von Krieg und Elend zu durchschauen und in der Weltgeschichte einzuordnen. Gemeinsam und planmässig setzen sie ihre geistigen Kräfte dort ein, wo die Möglichkeit am grössten ist, den Frieden unter den Menschen herzustellen. Doch auch jeder gewöhnliche, einfache Mensch kann viel zum Weltfrieden beitragen, indem er sich in erster Linie um den inneren Frieden in sich selbst bemüht. Ja, der Weltfriede muss im Herzen jedes Einzelnen geboren werden.«

Wir näherten uns einer Stelle, die so schmal war, dass wir hintereinander gehen mussten. Nada ging voraus. Ich wunderte mich, mit welcher Leichtigkeit und Unbesorgtheit sie voranlief, wo doch auf beiden Seiten steile Felswände in die Tiefe führten.

Leider konnte ich es nicht unterlassen, noch etwas aufmerksamer nach unten zu schauen, statt mich auf den Weg zu konzentrieren. Dabei stand mir mein Herz vor Schrecken fast still. Ich blickte in eine Talmulde, die von oben wie ein

See mit schmutzigem Wasser aussah. Als ich genauer hinschaute, erkannte ich, dass es sich nicht um Wasser, sondern um schulterhohen Schlamm* handelte, in dem eine unzählige Schar Menschen versuchte, vorwärts zu schreiten. Es war ein entsetzlicher Anblick. Einige Personen standen bis zum Hals tief im Schlamm, andere versuchten am Felshang empor zu klettern, weitere, die dem Tod entrinnen wollten, hielten sich an den Füssen derer, die bereits dem Schlamm entkommen waren, fest und zerrten sie wieder in die Tiefe. Gemeinsam versanken sie im Schlamm und tauchten nicht wieder auf.

Vermutlich merkte Nada, dass ich ihr nicht mehr folgte. Sie schaute zurück und sah, wie ich erstarrt in die Tiefe blickte.

»Um Himmelswillen, Franziskus, du sollst deinen Blick auf den Weg richten, nicht in die tiefsten Abgründe so vieler gefangener Menschenseelen.«

»Oh, mein Gott, Nada, was können wir denn tun, um diese Menschen vor dem Tod zu retten?«, rief ich verzweifelt zurück.

»Die bittere Wahrheit ist, dass wir sie nicht aus dem Schlamm ihres ausschliesslich materiellen Denkens und aus dem Schlamm ihrer egoistischen, unheiligen Wünsche und Leidenschaften befreien können. Und selbst wenn es uns gelingen würde, sie auf eine höhere geistige Ebene zu führen, würden sie sich dort nicht wohl fühlen, wo man sich mit der Unvergänglichkeit des Geistes und den ewigen Gesetzen des Lebens befasst. Ihr ganzes Denken und Wirken ist nur auf die sichtbaren und vergänglichen Dinge im Leben aus-

---

* **Schlamm** symbolisiert in der Meditation: Begierde, Leidenschaft und unsaubere Absichten.

gerichtet. Sie glauben nicht daran, dass in ihnen der unsterbliche Geist Gottes wohnt und kümmern sich deshalb kaum um ihr Seelenheil.

Der einzige Weg, diesen Menschen Hoffnung und Trost zu spenden, geht über die Liebe. Regelmässig steigen Berufene der Weissen Bruderschaft zu ihnen in den Schlammsee, um denen von ihnen, die bereit sind, ihre Hilfe anzunehmen, beizustehen. Sie darauf aufmerksam zu machen, dass kein Mensch dazu verurteilt ist, sein Leben in einem Schlammsee zu verbringen, wenn er ehrlich bereit ist, sich dem erlösenden, göttlichen Teil seiner inneren Natur anzuvertrauen.

Leider sind es meistens nur wenige von diesen hilflosen Brüdern und Schwestern, die bereit sind, die angebotene Hilfe anzunehmen.

Doch auch diejenigen, die noch nicht so weit sind, Hilfe entgegenzunehmen, gehen nicht leer aus. Durch die Anwesenheit und das Verhalten der hilfsbereiten Schwestern und Brüder der Weissen Bruderschaft, die zu ihnen in den Schlammsee gestiegen sind, erkennen sie, mit welchem gewaltigen Vorteil diese erleuchteten Wesen ausgestattet sind. Denn wie die Lotusblumen am Abend ihre Blüten schliessen und sich in das schlammige Wasser zurückziehen, bei Sonnenaufgang wieder rein und unversehrt aus dem schlammigen Wasser auftauchen, ihre Blüte öffnen und ihre Schönheit aufs Neue offenbaren, verhält es sich mit diesen erhabenen Menschen, die aus Liebe zu ihren gefangenen Mitmenschen in den Schlammsee steigen. Diese erleuchtenden, geistig reinen Menschen wissen um den Reichtum ihrer wahren Natur und ihrer geistigen Kräfte Bescheid. Sie fühlen sich auch in einem Schlammsee frei, weil sie die Fähigkeiten besitzen, sich augenblicklich auf eine höhere

Bewusstseinsebene zu erheben. Und genau das beobachten auch die gefangenen und gebundenen Wesen hier unten. Eines Tages sind auch diese ruhelosen Seelen, wenn sie lange genug gelitten haben, bereit, ihre unglückselige Lebenseinstellung aufzugeben. Sie halten Ausschau nach Befreiung, sind bereit, Hilfe anzunehmen und dann gelingt es ihnen, den Schlammsee zu verlassen.«

Nada drehte sich und lief weiter. Auf dem Platz waren um die hundert Menschen versammelt, doch kein Laut war zu hören. Mit grosser Besorgnis stellte ich fest, dass Nada an der erwähnten kritischen Stelle angekommen war, wo der Pfad nur noch einen Fuss breit war. Locker überwand sie die gefahrvolle Strecke. Drehte sich mir zu und rief:»Siehe diejenigen Menschen, deren Seelen himmelwärts streben, werden nicht fallen. Sei mutig, Gott ist mit dir.«

Ohne nachzudenken erinnerte ich mich daran, wie oft es mir in meinem Leben schon gelang, siegreich unausweichliche Gefahren zu überwinden. Ruhig und zuversichtlich näherte ich mich der gefährlichen Stelle.

Ein sanfter kühler Wind wehte mir um den Kopf. Auf dem Platz herrschte immer noch Totenstille.»Vorwärts, vorwärts, jetzt gibt es kein Zurück mehr«, rief ich aus und lief behutsam etwa zwanzig Schritte ohne anzuhalten über den Pfad der Prüfung zwischen der materiellen und geistigen Ebene. Wie frei und glücklich fühlte ich mich, als der Weg wieder eine gut begehbare Breite anbot.

»Willkommen, willkommen, Bruder des Lichtes«, ertönte es kraftvoll und freudig vom Platz her. Und die steilen, steinigen Felswände antworteten ebenso:»Willkommen, willkommen, Bruder des Lichtes.«

Nada empfing mich als erste, als ich den Platz erreichte.

Überglücklich umarmte sie mich mit den Worten: »Freue dich mit uns allen, denn du hast in dieser Stunde eine deiner schwersten Prüfungen erfolgreich bestanden und hast es verdient, von den aufgestiegenen Meisterinnen und Meistern in die letzten verborgenen Geheimnisse der Weissen Bruderschaft eingeweiht zu werden.«

»Nada, ich kann mich nicht so richtig freuen, wenn mir bewusst wird, dass ich diesen Weg wieder zurück gehen muss.«

»Darüber brauchst du dir keine Sorgen zu machen. Unsere Meister werden dir beibringen, wie du dich verhalten sollst, dass du von nun an ohne Angst und Anstrengung spielend jeden Abgrund überwindest.«

»Es läutet Nada, wozu?«

»Um dich daran zu erinnern, dass du deinen täglichen Pflichten nachkommen sollst.«

»Tägliche Pflichten! Hier oben bei euch?«

»Nein, nicht hier oben bei uns, sondern die anstehenden Pflichten in deiner Berufswelt, in der Stadt, wo du wohnst.«

Ich war noch so eingenommen von den soeben geschehenen Ereignissen, dass es mir nicht gelang nachzuvollziehen, auf was mich Nada wirklich aufmerksam machen wollte. Aggressiv läutete es unaufhörlich weiter, bis mir bewusst wurde, woher dieses Läuten kam.

»Ach, mein Gott, wie schade.« Das Läuten meines Weckers hatte mich aus meinem Meditationserlebnis zurückgeholt. Es war morgens sechs Uhr und ich lag, wie ich mich am Abend hingelegt hatte, angekleidet auf dem Rücken in meinem Bett.

Befremdet schaute ich mich in meinem kleinen Zimmer um, und als die Erlebnisse der vergangenen Nacht in mir wach wurden, seufzte ich leise vor mich hin:»Wie ertrage ich es nur, in einer so kleinen Welt, eingeschränkt von Zeit und Pflichten zu leben?«

Tröstend redete ich mir zu:»Welch kostbares Gut ist es doch, dass wenigstens die Seele des Menschen die Fähigkeit besitzt, in der Meditation und im Schlaf den Körper zu verlassen und zeitlos ihre eigenen Wege gehen kann.«

Was ich gleich nach dem Aufwachen wahrnahm, war ein erfrischender, für mich undefinierbarer und höchst angenehmer Duft in meinem Zimmer. Von diesem sonderbaren Duft hatte ich am Abend, als ich mich zur Meditation auf das Bett legte, noch nichts gespürt. Es hatte niemand Zugang in mein Zimmer, denn es war die ganze Nacht abgeschlossen. Auch das Fenster hatte ich wegen des Strassenlärmes geschlossen. Obwohl ich den Raum gut lüftete und tagsüber das Fenster leicht offenhielt, nahm ich diesen Duft nach einigen Tagen immer noch wahr.

Rückschau und Erklärungen

Natürlich stellte ich mir nach dieser erlebnisreichen Nacht die Frage, ob ich mich die ganze Nacht in Meditation befand oder ob ich nach kurzer Zeit in der Meditation eingeschlafen war und alles einfach geträumt hatte. Weil ich auf diese Frage keine endgültige Antwort fand, kümmerte ich mich nicht mehr länger um diese Angelegenheit und richtete meine Aufmerksamkeit auf meine täglichen Aufgaben.

Einige Wochen später erhielt ich aus Deutschland einen Brief von einer mir unbekannten Schweizerin. Sie teilte mir mit, dass sie in Freudenstadt eine Ausbildung als Naturheilerin abgeschlossen habe und nun wieder zurück in die Schweiz wolle. In ihrem Brief fragte sie mich, ob ich ihr bei ihrem Umzug behilflich sein würde. Sie erwähnte, dass sie meine Adresse von einer Kollegin erhalten habe mit dem Vermerk, dass wir uns sicher gut verstehen würden, weil ich mich mit Geistheilung befasse.

Umgehend machte ich mit ihr telefonisch einen Termin ab. Bald darauf füllten wir meinen Personenwagen mit all ihrem Hab und Gut und fuhren gemeinsam zurück in die Schweiz.

Auf der Heimfahrt unterhielten wir uns über zahlreiche grosse Heiler und ihre Heilmethoden, von Paracelsus, bis hin zu dem zu dieser Zeit weltbekannten Geistheiler Harry Edwards.

Zum Abschied schenkte mir die zukünftige Naturheilerin eine kleine Broschüre mit dem Titel »Meditationen und Anrufungen«*. Sie erklärte mir, dass hinter diesen Meditationen und Anrufungen die Weisse Bruderschaft stehe, die sich geistig um den Weltfrieden bemühe.

Geschätzte Leserin, geschätzter Leser, Sie können sich sicher vorstellen, wie ich mich angesprochen fühlte, als meine Begleiterin die Weisse Bruderschaft erwähnte, wo ich doch vor kurzer Zeit in der Meditation oder im Traum zum ersten Mal von dieser Gemeinschaft hörte.

Bei der ersten Gelegenheit blätterte ich die Broschüre durch und stiess dabei auf einen Meditationstext einer Meisterin Nada. Wie ich später erfuhr, lebte sie vor einigen Jahrhunderten in China. In ihrem Leben verfolgte sie das grosse Ziel, ständig Liebe unter allen Geschöpfen der Erde zu verbreiten.

Weil sie diese Eigenschaft so allumfassend entwickelte und meisterhaft anwendete, wurde sie die Botschafterin der Liebe genannt.

Durch diese Hinweise wurde mir bald klar, dass ich in der erlebnisreichen Nacht, im Traum oder in der Meditation, vermutlich Nada, der Botschafterin der Liebe, begegnet war. Sie war die Erste, die mich auf die Weisse Bruderschaft aufmerksam machte. Sie war Asiatin und sie führte mich über

---

* »**Meditationen und Anrufungen**«, Die Brücke zur Freiheit e. V., Berlin

den Grat der materiellen und geistigen Bewusstseinsebene zu den Brüdern und Schwestern der Weissen Bruderschaft. Als ich dann nach Jahren in einem kleinen Büchlein über ihre Biographie noch erfuhr, dass ihr Symbol für die Liebe die Rose sei, benötigte ich keine weitere Erklärung mehr. Nada schenkte mir in jener Nacht die rote Rose, die sich um das Kreuz geschlungen hatte. Sie bat mich, ich möge sie doch in mein Herz aufnehmen, damit ich über die anspruchsvolle Gratwanderung nicht von ihr abgelenkt werde.

Demzufolge ging ich davon aus, dass auch den übrigen Erlebnissen jener Nacht eine wichtige Botschaft zu Grunde liegt; so zum Beispiel die Tragödie im Schlammsee, deren Bilder mich bis heute gelegentlich verfolgen.

Von dieser Zeit an begegnete ich in meinen Meditationen öfters Nada und auch den weiteren aufgestiegenen Meisterinnen und Meistern der Weissen Bruderschaft. Mit der Zeit schaffte ich es, in der Meditation mit jedem Einzelnen von ihnen ins Gespräch zu kommen. Was ich besonders bewundernswert an diesen weisen geistigen Lehrer/innen fand, war ihre einfache Ausdrucksweise. Vor allem schätzte ich an ihnen die wertvolle Gabe, ihre Schüler nicht mit Verboten, Geboten und Vorschriften zu belasten.

Bei meinen ersten Begegnungen in der Meditation mit ihnen brachten sie klar zum Ausdruck, dass ich meinem eingeschlagenen geistigen Weg treu bleiben soll, denn nur ein nach den tiefsten eigenen inneren Bedürfnissen gelebtes Leben sei ein echt gelebtes Leben.

Es störte sie keineswegs, dass ich mich nebst den von ihnen empfohlenen Lichtmeditationen noch mit anderen Geisteswissenschaften befasste und Yoga praktizierte.

Bilder, die wir Menschen im Traum oder in der Meditation wahrnehmen, sind weitgehend Symbolbilder. Diese aus dem oder über das Unterbewusstsein empfangenen Bilder übermitteln uns eine Botschaft. Die grosse Herausforderung besteht darin, diese Symbolbilder richtig zu deuten. Gelingt es uns, ihre Sprache zu entziffern, kann dies für den Betroffenen von unermesslichem Nutzen sein.

Auch wenn es mir bis heute noch nicht gelungen ist, alle in der Meditation empfangenen Bilder und Erlebnisse restlos zu deuten, bin ich doch sehr dankbar, dass ich immer wieder den Zugang zu diesen verschlüsselten Botschaften finde. Durch solche Botschaften lernte ich jedenfalls die Strukturen meines Seelenlebens besser kennen und verstehen. Ich gelangte dadurch an innere Kraftquellen, wie ich sie in diesem Buch niedergeschrieben habe, von denen ich früher keine Ahnung hatte, dass sie existieren.

Möge es auch Ihnen gelingen, geschätzte Leserin, geschätzter Leser, Ihre verborgenen, nie versiegenden Quellen der Kraft, der Freude und der Weisheit in Ihrem Inneren zu entdecken und in Ihrem Leben nutzbar anzuwenden.